U0931844

當俗世遇上敬拜

香港神學院

當代教會課題研討

▼

香港神學院．當代教會課題研討

當俗世遇上敬拜

Worship in a Secular World

合編
鄧瑞強、趙崇明

執行編輯
梁冠霆

裝幀設計
奇文雲海．設計顧問

■

聯合出版

香港神學院	基道出版社
香港九龍塘	香港沙田火炭坳背灣街26號
金巴倫道17號	富騰工業中心1011室
BIBLE SEMINARY OF HONG KONG	LOGOS PUBLISHERS
17 Cumberland Road,	Unit 1011, Fo Tan Ind. Centre, 26 Au Pui Wan St.,
Kowloon Tong, Hong Kong	Shatin, Hong Kong
電話：(852) 2336-0088　傳真：(852) 2338-9908	電話：(852) 2687-0331　傳真：(852) 2687-0281
網址：http://www.bshk.edu.hk	網址：http://www.logos.com.hk

發行
基道出版社

承印
海洋印務有限公司

●

4/2011 初版
Cat. No. LP927
ISBN: 978-962-457-417-3

Printed in Hong Kong

刷次	10	9	8	7	6	5	4	3	2	1
年份	2020	2019	2018	2017	2016	2015	2014	2013	2012	2011

編者序

鄧瑞強

基督徒是誰？

> 惟有你們是被揀選的族類，是有君尊的祭司，是聖潔的國度，是屬上帝的子民，要叫你們宣揚那召你們出黑暗入奇妙光明者的美德。（彼前二 9）

基督徒是屬上帝的，我們的整個生命就是活出這身分。一個國民表明自己身分的最莊嚴時刻，是唱國歌的時刻。在這刻，他表明自己生命之所屬。基督徒表明自己身分的最神聖時刻，是敬拜上帝的時刻。在這刻，我們高舉上帝為我們生命的主人，表明我們生命屬於上帝，也將最高的尊榮歸給那創造、救贖並使我們成聖的上帝。

表明一個身分，對那些敵對這身分的人而言，已是一極大的對抗。警察表明身分，對匪徒而言，已是莫大的對抗。敬拜上帝，是高舉上帝的行動，對於那些反抗上帝的羣體，敬拜這行動帶有對抗性、顛覆性。

本文集的第一組文章，正正凸顯敬拜對世俗社會的批判性。

蘇遠泰的〈惟獨敬拜上帝？惟獨敬拜上帝！〉提醒我們，敬拜的對象是上帝，然而，敬拜者也不能忽略上帝對社會的正義要求。

鄧瑞強的〈聖餐的革命性〉，以聖餐的不同元素為思考基礎，道出聖餐正是呼喚信徒積極參與正義社會的建造。

趙崇明的〈讓崇拜顛覆崇拜的世俗化〉，是以敬拜的特質，提醒信徒去抗衡世俗文化。若世俗文化已淪為敵對上帝的陣地，則敬拜者的敬拜，就是表明身分，對抗反上帝的力量。

敬拜不單是信徒表明身分，上帝也藉敬拜的過程塑造我們的身分內涵。正如一個國家藉公民教育去塑造國民身分，上帝也藉敬拜而使我們成為真正的上帝的子民。聖經對敬拜作出重要提示：合宜的敬拜使人的生命走在正軌中。

本文集的第二組文章，重點在聖經對敬拜的教導。

張慧玲的〈西奈啟示的敬拜觀——體現、維持和修復創造設計〉，以西奈之約為討論核心，讓人看到西奈之約的整個敬拜體系，正是以敬拜禮儀重現上帝的創造心意。西奈之約與上帝的創造一樣，是讓世界從混亂走向秩序，分別出神聖和世俗的界線，並讓人在安息中享受生命的完滿意義。誰能真誠參與這敬拜禮儀，誰就能活出上帝創造的美好人生。

張祥志的〈從詩篇的神學反思敬拜的內涵〉，以詩篇的不同類型，提醒我們應注意敬拜的不同元素。

邵樟平的〈從新約看聖靈在敬拜中的重要性〉，指出聖靈才是敬拜生活的核心。聖靈是敬拜生活的帶領者，離開聖靈，則無敬拜可言。聖靈是內住在人之內的上帝，敬拜者的生命內涵，正正由於聖靈的內住。這篇文章可算是提醒我們，敬拜者以敬拜表明自己屬上帝的身分，而在敬拜中，聖靈內住敬拜者，以充實這敬拜者的生命內涵。

信徒藉敬拜表明自己的屬天身分，在敬拜中形塑自己的屬靈內涵。敬拜的裏裏外外，都強化信徒的身分意識，也充實其生命內涵。

本文集的第三組文章，重點在敬拜和信徒生命成長的種種關係。

趙崇明的〈崇拜、神學與倫理的三而一關係〉，表明神學教義形成於敬拜生活，而敬拜生活又塑造信徒的生命形態。理性的教義思考和實踐的倫理行動，都建基於信仰的敬拜。這樣看來，美好的敬拜能使信徒更真的認識上帝和更善的實踐上帝的心意。不良的敬拜生活，對信徒而言，是一種災難。

張天和的〈靈恩派的敬拜觀對福音派影響的初探〉，討論靈恩派的敬拜的特色。具靈恩派特色的敬拜讚美運動，以不同形式在不同教會中發展。這種讓人更投入的敬拜，自有其優點，但也暗藏危機。這文章一一分說。

褚永華的〈敬拜與牧養〉，提到敬拜的不同元素能幫助人投向上帝。誠然，教堂裏的一朵花、一幅畫、一點燭光、一首詩、一篇道、一對祝福你的手，在在都能引領人進入更深的崇拜中。

親愛的弟兄姊妹，不要忘記你的屬天身分，不要忘記你在地上的屬靈使命：好好敬拜吧。

二〇一一年一月

寫於香港神學院

目錄

敬拜的批判性

1

惟獨敬拜上帝？惟獨敬拜上帝！

蘇遠泰

一 簡述基督新教崇拜的演變

宗教改革除了在拯救論和教會論上改變了那始自中世紀以來羅馬教廷的主張外，學者艾雲（Carlos M. N. Eire）更認為，宗教改革還在「崇拜上帝」的理論和實踐上，徹底改變了教會的活動形態。宗教改革者的神學重點，正是要反對羅馬教廷的「偶像崇拜」，惟獨敬拜上帝，其程度比討論「稱義」（justification）的課題更甚。改革者不單為正確的教義而戰，更為正確的崇拜而戰。[1] 當時，一般教會強調，禮儀的敬拜（Liturgical worship）只可由專職的聖職人員負責，儀式分兩部分，首先是會眾均可參與的「聖道禮」（Liturgy of the Word），包括讚美、問安、奉獻、舊約的講論、讚美詩的應答輪唱及其他禮儀。第二部分是只有曾領洗者才可以參與的「信徒禮」（Liturgy of the faithful），在開始前先行遣散未受洗禮的人（這就是「彌撒」

〔Mass／*missa*〕之意），然後有各項的禮儀，高潮是「聖餐禮」（Eucharist）。[2] 禮儀的「語言」除了是人的說話外，還包括姿態、手勢、音樂、視像（例如圖像）等等，這是為要豐富及擴闊會眾對上帝的認識和尊崇。[3]

宗教改革者不單把羅馬教廷的「聖禮」（Sacraments）由七個變為兩個，[4] 並把聖餐禮中的餅和杯由「變質說」改為「同質說」（信義宗）或「記念說」（改革宗）；更重要的是，他們異口同聲地強調，上帝話語（他們認為就是聖經）的宣講，才是崇拜的中心。講道成為敬拜上帝的中心和高潮，能釋放上帝的話語，才是真正的惟獨敬拜上帝的指標，這種情況在改革宗加爾文（John Calvin）的教會及重洗派的教會尤其普遍（信義宗的教會則保留一定程度的禮儀）。加爾文相信基督是教會惟一的教師，任何人要想認識上帝，必須藉著那「永恆的智慧」（即三一上帝的第二位——聖子耶穌基督）。上帝在舊約時代啟示以色列先祖及先知，在新約則通過基督，以口傳的方式把有關上帝的奧祕傳遞給人，後來被記錄成聖書。[5] 加爾文認為，「證道」（sermon）的首要目的就是向會眾講解聖經；而加爾文更認為，證道者的責任就是把聖經的意思顯明出來，而不是加插任何自己的意念。[6] 加爾文身體力行，在一五四一年後他每天均站講台，逐卷經文講解，今天留下多達二千多篇的講章。[7]

同時，為要使會眾能明白上帝的話語，能真心尊主為大，敬拜上帝，改革者倡導崇拜應以當地的方言進行，而放棄羅馬教廷那以拉丁文進行彌撒的規定。如此，會眾的投入程度便較彌撒為大——雖然，對一般目不識丁的會眾來說，他們未必可以容易明白講道者所講解的聖經內容，但至少在崇拜進行的過程中，他們可以採用自己的方言來唱詩、講道、祈禱、回應。

馬丁．路德（Martin Luther）所屬於的信義宗教會，雖然其對彌撒並不懷有太大的反感，但卻堅持彌撒並沒有赦罪的功效，惟有因信基督才可以稱義，這才符合聖經所說的。[8]

不過，有時亦會出現矯枉過正的情況，例如加爾文批評彌撒是某種形式的迷信，他把教會年曆簡化為以主日為中心，並揚棄詩班及樂譜文獻，甚至把管風琴從教會中搬走。禮儀被簡化，以至於被弱化，崇拜變成以證道者所宣講的聖經教訓為中心，連唱詩都是以唱詠詩篇為佳（沒有伴奏），[9] 一切的圖像更被視為不單對敬拜毫無幫助，且有拜偶像的之嫌，故此，應該將之從崇拜中除掉[10]——加爾文必然認為，如此才是真正踐行惟獨敬拜上帝的要求。

進入二十世紀，因著五旬宗及靈恩運動的興起，崇拜趨向強調情感、狂熱、神祕等等「靈性」元素，雖然講道仍然是他們所著重的，但自由、活潑、狂喜、手舞足蹈的「詩歌敬拜」，不單使五旬宗及靈恩的教會充滿熱情和感受，還使其崇拜人數與日俱增[11]——他們仍是惟獨敬拜上帝，但形式卻跟強調禮儀或證道的教會很不同了。就香港而論，不少教會自稱屬於福音派教會，在崇拜中以講道為重點，但近十多年來，它們亦對五旬宗及靈恩教會的詩歌敬拜模式趨之若鶩。就筆者所接觸的福音派教會，絕大部分均已成立「敬拜隊」、「詩歌敬拜小組」諸如此類的組織單位，在崇拜中帶領會眾唱詩，還有電子琴、電結他、打鼓等等配樂，這已跟加爾文所說的南轅北轍。而筆者亦發現，福音派教會的詩歌敬拜時間，其所佔的比重愈來愈大，反之，證道的時間相對縮短，約只有三十至四十分鐘。筆者亦曾接受某教會委託，在青少年崇拜中，以十五分鐘完成講道呢！

二 論現代詩歌敬拜

一九九〇年三月底，由蔡元雲及劉達芳所引介的「聖靈的權能與香港教會更新之『敬拜、權能、更新』大會」，可視為第三波靈恩運動在香港的序幕。是次聚會的出發點，是提倡內心渴求依靠聖靈的能力，更新信仰，復興教會，並對聖靈開放，讓祂的能力完全彰顯。[12] 他們迫切地推行「崇拜更新」，這既反映當時香港教會領袖面對九七大限時所流露的末世心態，又同時反映他們渴望在敬拜上帝這一屬靈的事上有所改善和精進。

為甚麼愈來愈多教會看重在崇拜中藉著詩歌來讚美、稱頌上帝呢？筆者相信，一種主觀投入的敬拜上帝的熱情，確實可以通過輕鬆、容易上口、煽情（沒有貶義）的詩歌來達到的。通過每位信徒均可參與的詩歌唱詠，他們著重聖靈在其中間的「即時」工作，故此，在大多數崇拜中，他們均注重激勵信徒們的感情投入：例如手舞足蹈，大聲懇切的祈禱，以至於流淚或歡笑。[13] 他們往往（誤）以為聖靈的工作是「即時」的，如果加上會眾集體均有「即時」的共同感動，就更被認為是聖靈在崇拜中的工作了 —— 是聖靈親自帶領會眾惟獨敬拜上帝。

筆者聽過一位弟兄分享，說在一次崇拜的領唱中，雖然他跟敬拜隊早已編排並練習所要唱的詩歌，但當唱至某首詩歌時（當然是指現代詩歌），忽然心裏十分感動，想帶領會眾唱另一首沒有預備領唱的詩歌，在猶疑之際，突然司琴竟然彈奏出此首詩歌的前奏，於是整個敬拜隊就一起帶領會眾唱這首詩歌。事後，這位弟兄十分感動和受激勵，而且他深信，這確是聖靈帶領整隊敬拜隊以詩歌來稱頌上帝，在此刻他們是同心同德地敬拜尊崇上帝 —— 他確信至少在是次崇拜中，聖靈是真實地臨格並帶領眾人進入敬拜之中。

筆者要指出，上述的經驗確是容易叫人著迷和嚮往的。不單敬拜隊，整體會眾也可以親身、主動地參與敬拜，享受上帝的同在，感到自己是真正的「在場」(presence)，真正的敬拜上帝，這怎能不叫那些常常覺得崇拜既沉悶、又沒有得著，且毫不感到自身與上帝的關係有所增進的弟兄姊妹羨慕呢！老實說，筆者不得不承認，有些傳統詩歌確是十分「難唱」，既高音又在拍子上難以捉摸，當唱到某段落時，因音調過高的緣故，我們聽到大多數會眾「缺席」(absent)，而剩下三數位詩班員，可以在此刻以極激昂的聲線來敬拜上帝！又因某些詩歌是翻譯作品，以音就調，會眾唱詠時往往出現「麥兜式不正音」的笑話(例如把「我愛你」唱成「鵝哀尼」)。假若再加上講道內容千篇一律，講員聲調刻板，或以個人經驗、喜好、神學、故事、笑話等等代替闡述聖經的工作，那就更叫會眾心裏叫苦連天(但通常敢怒而不敢言)，這教人如何可以敬拜上帝呢？筆者認識一位姊妹，她就是按捺不住上述崇拜的「苦況」，所以一直未能投入敬拜上帝，直至她參加一間靈恩派教會的聚會，她才知道原來上帝是那麼可以親近和敬拜的(直述她的說話)。

無可否認，現代詩歌確有其優點，叫人趨之若鶩。例如歌詞簡單，音律富現代感，像流行歌曲一般。熟悉的音樂加上柔和的旋律，容易上口，容易投入，因而，容易引發敬拜之情和感謝之心。另外，由於唱詩時信徒往往配合身體的動作，例如站立(表示敬重)、舉手(表示讚美)、拍掌(表示歡樂)、歡呼(表示讚美)，舉目(表示央求、仰望)，甚至舞蹈，使內心和身體一起配合來敬拜上帝，這打破了以往華人屬靈傳統那種靈肉二分的錯誤觀點。[14] 除此之外，過往崇拜中的唱詩環節，常被視為於聽道前的心靈預備或聽道後的回應表達，即唱詩變得是為講道而設似的；[15] 但現代的詩歌敬拜卻擺脱了「詩歌三文治」(hymn-sandwiches)的模式，即把唱詩環節當作崇拜秩序的間場，而把詩歌敬拜的主體回復過來。[16] 如此，這便尤其更新了傳統崇拜那種禮儀或「類禮儀」的形式，即放棄認罪、祈禱、聽道、領餐、認信和奉獻的既定動作和儀式，而使與會者的內心能藉著身心靈的完全投入和自由而得到滋潤。[17]

不過，現代詩歌敬拜亦有其不足之處，往往被不少維護傳統之士所詬病。例如，筆者認識某間蛻變型教會(meta-church)的牧者，他便認為聖靈同樣可以在程序的編排上工作 —— 在崇拜中有秩序的安排，甚至按禮儀地進行，同樣可以是聖靈的工作，聖靈也同樣可以在秩序和安排中工作，只是在信徒的感受上不強烈吧了；「即時」並非聖靈同在的惟一證明，聖靈可以在「事先」的安排中工作。[18] 另外，現代詩歌多是溫馨的，多講上帝的憐憫和慈愛，卻少講上帝的偉大、公義、審判和懲罰，在崇拜中缺少了集體的認罪(沒有認罪文)，只著重讚美和感恩，把上帝由世界的主和教會的主，壓縮為個人的主，這變得過於遷就現代人的心靈需要。[19] 當粗略地分析現代詩歌，我們便會發現，現代詩歌著重拯救論和護理論多於創造論和末世論；著重上帝的護理多於上帝對世人的要求；多講愛心，而少有提及公義(尤其少有提及上帝不喜悦社會的不公平、不公義現象)；只顧抒發我們心中的感情，卻不多彰顯上帝的榮耀；著重和追求情感上的需要，卻缺乏和害怕理性的思考。正如郭乃弘牧師所説：「今天敬拜讚美的詩歌的詬病不在於其簡單，而在於它們普遍皆是膚淺和空洞的。」[20]

筆者並不反對唱現代詩歌，但必須承認，某些傳統的詩歌，直到今天仍是讓我們認識上帝和經歷祂恩典的媒介，故此，我們無須「二擇其一」，不論舊歌新歌，只要能帶領會眾敬拜上帝和引起共鳴的，就是好歌了。主張「二擇其一」的人，容易陷墮信仰「非歷史化」的危機，在實踐上也否定了「我信聖徒相通」，也即否定了與歷代和現今信徒的共融。其實，上帝的偉大是我們無法完全窮盡的，只採納現代詩歌而放棄傳統詩歌，或只採納傳統詩歌而放棄現代詩歌，就是以為只靠「咱家」的詩歌就足以讚美上帝，可以窮盡上帝的榮美，這其實是一種謬誤和自大。讚美應是擴闊而不是縮減的，能幫助我們惟獨敬拜上帝的詩歌，就是可用可取的詩歌，傳統詩歌和現代詩歌其實大可互補長短。選擇詩歌時可以因人而異，因文化而異，而無需批評、斥責對方在拜金牛犢呢！[21]

三 再思崇拜的目的

不論是強調甚麼崇拜模式（禮儀、證道、詩歌），究竟崇拜是為了甚麼呢？筆者相信，絕大部分基督徒均贊同崇拜的目的乃為榮耀上帝，而人的需要、感受、得著等等，在此大原則下，均被視為是次要的。「崇拜」/「禮儀」的希臘文 λειτουργία 是由「民眾」（λαός）和「工作」（ἔργον）兩字所組成的，即表明崇拜乃是上帝子民的工作，旨在通過此工作（敬拜上帝）使會眾受益。[22] 而「敬拜」的英文 worship 乃演變自「價值」（worthship），表明敬拜是一項向某人某事給予評價的行動，即敬拜就是將上帝應得的價值、尊榮歸給祂。[23] 因此，華人教會往往稱崇拜為「禮拜」，即以「禮」來敬「拜」上帝之意。

職是之故，不少人認為，信徒通過崇拜來造就自己的生命，例如讓自身的靈命得到提升、生活更為瑰麗等，只屬於崇拜的「副產品」(by-product)，而絕不是崇拜的主要目的，因崇拜的中心始終是上帝本身——崇拜必須是以「上帝為中心的」(theocentric)，如此才是真正的惟獨敬拜上帝。[24] 在崇拜中，人的角色只是回應，即通過感謝、代求、悔罪、讚美、奉獻來回應上帝在歷史中的拯救，而基督的拯救無疑是最重要的(這亦充分反映聖餐禮在基督宗教內的重要性)。[25] 倘若人為了滿足自己的需要，前來崇拜只是為了與其他會友碰面，聽一堂好的講道，得一點精神慰藉，唱幾首感動的詩歌等等，而不是為了聽命及彰顯上帝的榮耀及公義，這都被視為是對上帝的不尊重、對崇拜的誤用——他們不算是來敬拜上帝；即或他們算是來敬拜上帝，但他們心有所想，心有雜念，亦不算是「惟獨」敬拜上帝。

不少反對現代詩歌敬拜的人，就是批評現代詩歌敬拜以人的主觀感受為重，視個人的感受和得著為崇拜成敗的關鍵。正如張永信牧師批評：「如果崇拜者將崇拜看作一個培靈會或奮興會，要求有所得著，才是真正的崇拜，便是對上帝作出『無禮』的敬拜了」，[26] 張牧師補充：「我們敬拜的目的，不是要使教會好一點，使家庭能在一起，能幫助別人，使人有平靜的心靈或幫助我們的社會；更不是因為我們喜歡詩班，欣賞講員或愛好歌唱。我們敬拜，是因為祂是配得的。」[27] 故此，假若有人說崇拜的目的必須是「惟獨」「敬拜」「上帝」，相信絕少信徒會反對。不過，筆者在此要指出，雖然崇拜是以上帝為中心的，尊崇上帝更是必不可少的，但這是否就因此可以完全不理會人的感受和回應？

無可否認，崇拜的中心永遠應該是上帝，但歷代的教會在崇拜模式上的不同主張，正反映他們在不同的文化及社會處境下，以為某種模式的崇拜，就是最能夠達到「惟獨敬拜上帝」的目的。雖然上帝是崇拜的中心，但只有中心而沒有周邊，中心就不能成為中心了。故此，人的參與是重要的，崇拜當然是彰顯上帝的榮美，但人的回應同樣是崇拜必不可少的部分。十九世紀的丹麥基督教思想家祈克果（Søren Kierkegaard）曾指出，大部分教會的崇拜都是把牧者當作演員，上帝是導演，而會眾就是觀眾；祈克果認為實情是，會眾是演員，牧者是導演，上帝才是觀眾。[28] 參與崇拜的人（包括牧者和會眾），都是積極地融入崇拜的「演出」中，稱頌上帝的榮耀和恩典，為叫觀賞者（上帝）心滿意足。崇拜不是要取悅人（因人不是觀眾），但人卻需要積極參與在崇拜中；作為演員，人要充滿心靈（盡心）、情感（盡性）、理智（盡意）、精力（盡力）去「演出」。

雖然詩歌敬拜仍有不足之處，但它確可以幫助會眾演出／演活崇拜的精神，就是以靈以誠來敬拜上帝（當然，傳統詩歌也可以）。同樣，禮儀和證道亦有其不足之處，但也可以叫會眾投入敬拜之中。[29] 因此，崇拜理應是一個主體（人），以真心誠意對另一個主體（上帝）的尊榮和拯救發出讚美和稱頌，同時亦是上帝通過崇拜向會眾賜下安慰、應許、祝福和使命——崇拜理應是「互為主體性的」（inter-subjectivity）。上帝仍然在中心地位，但人的回應和參與同樣是不容忽略的。[30] 筆者相信，歷代大公教會從沒有放棄以上帝為中心，他們亦沒有輕視人在崇拜中的參與。不同的模式均有其長短，我們可以按不同的場景和現實情況各取所需地安排崇拜的形式，這一切都是為使上帝得榮耀，使人可以因親近主、敬拜主而得到滿足。

故此，追求崇拜所得的滿足並非不可。筆者就十分反對某些傳統的教導，即叫人不要追求自身的感覺，連沒有預備妥當的領唱、獻詩、講道等等都要默然接受，不許說三道四，並以「只要上帝得榮耀，人的感受是不可靠」為借口、以漂亮的屬靈話來掩飾差劣的事奉態度和能力，這是筆者所感到憂心的。同時，筆者亦擔心會眾過度地追求人的滿足，把人的得著和感受視為不可侵犯的，視個人的口味為崇拜好壞的標準，這一切實又違反了「惟獨敬拜上帝」的精神。當會眾把自己看得比上帝重要，且過分注重感受和得著時，確又容易陷墮「把上帝驅逐至邊緣」的危機。君不見今天不少會眾在崇拜時遲到早退，聽道時睡覺，唱詩時馬虎，在崇拜過程中手提電話聲隨時響起，甚至在崇拜中「講電話」！會眾可以有一百個理由解釋，但似乎上帝還未在他們身上得到榮耀呢！

讓筆者在此總結上述的討論。崇拜的中心無疑是上帝，人的感受和回應並非崇拜的真正目的；但要真正的敬拜上帝，人的參與/演出又具決定性的作用。一個回到教會行屍走肉、「行行企企」的信徒，或是一個被崇拜的安排和執行弄到莫名其妙，以致參與崇拜時沉悶不堪的信徒，都是不可能真正達到惟獨敬拜上帝的目的的。故此，我們正面對一個弔詭的課題：崇拜應以尊崇上帝、讓上帝得榮耀為中心，人的感受和回應是次要的；但同時，若不能好好處理和鼓動那「次要」的事，又不能使上帝得著當得的榮耀——我們既要令信徒在崇拜中有經歷和回應，又要教導他們不要過於看重自身的感受，而應專注於歸榮耀給上帝。

四 再思惟獨敬拜上帝

崇拜的目的是惟獨敬拜上帝？回答是肯定的！但要真正惟

獨敬拜上帝，就要靠著聖靈的指引，悉心預備、執行崇拜裏各項安排，讓人通過崇拜，能夠以心、性、意、力地把上帝所當得的榮耀歸給祂 —— 如此，才是真正的惟獨敬拜上帝。採用禮儀也好，著重證道也好，強調詩歌敬拜也好，混合各種模式的長處也好，總意都是要讓信徒以心、性、意、力來敬拜上帝。

不過，筆者想在此討論一個課題，就是當我們肯定人在崇拜中的感受和回應是不可忽視時，不少研究崇拜的學者和牧者，皆著重信徒的「感受」，例如是否感到上帝的偉大、榮美，是否感到上帝的臨格、感到上帝的擁抱，是否感到自己是個罪人、不配主耶穌的拯救等等，但卻較少強調人的回應。當然，筆者並非說今天的崇拜完全缺乏了對上帝恩典的回應，我們的祈禱、認罪、奉獻、差遣等等都是對上帝愛的回應，但在上帝對我們公義和愛心之要求的回應方面，卻少得有點可憐。正如郭乃弘牧師的批評，今天教會的崇拜是私人化、屬靈化的，缺少社會和文化的向度，崇拜是為了自己可以好好地敬拜上帝，反而忘卻了上帝對信徒在社會的要求，就是行公義、好憐憫！教會崇拜成了一個劃定的安全範圍，在裏面信徒以為盡心、盡性、盡意、盡力來尊主為大就已足夠，反而令他們感到無需理會外在世界的浪濤洶湧、充滿殘酷的一面。[31]

惟獨敬拜上帝，就代表了可以把尊崇上帝之事完全內在化，完全變成基督徒真心誠意地在星期天於禮拜堂內幹這幹那的活動嗎？在此，筆者強調信徒在崇拜中回應的重要性，即回應上帝對社會公平公義的要求，這是信徒在敬拜生活裏不可或缺的。追求親近上帝，口唱心和尊主為大，乃是每個信徒不可少的操練，但僅僅滿足這些需要（雖然已經不容易），是未能達到真正尊主為大的要求的。

由加爾文主義者在十七世紀編寫的〈威斯敏斯特信條〉（Westminster Confession of Faith），在討論宗教崇拜和安息日時，既闡述敬拜上帝的原因，又討論崇拜中各項的安排，包括祈禱、讀經，以及何時何處崇拜上帝。在最後部分說：

> 人當向主遵守這安息日為聖，要預先正當預備他們的心靈，並料理他們的普通事務，然後不僅要整日停息自己的工作、言談、思想、屬世的職務和娛樂，守聖安息日（按：列出經文的支持，從略），而且要用全部時間舉行公私崇拜，並且盡本分行必要和慈善的事（賽五十八13，太十二1～13）。[32]

在敬拜上帝的日子中（即上述的安息日），信徒除了專心一意、盡心盡力地敬拜上帝外，信條還在最後提醒信徒要盡上自己的本分，行各樣必要和慈善的事。崇拜不僅僅為了讓信徒自身飽飽的滿足（即或這份滿足是來自真心誠意地敬拜上帝），還應看重信徒在社會上的參與，尤其是在對眾人有益的事上的參與。

初期教會的使徒和信徒，要算是最接近肉身的主的一羣。當主耶穌復活後，聖靈在五旬節降臨，自此教會和教會的崇拜就誕生了。故此，初期教會的崇拜模式是最原始的，屬於崇拜的「原型」（prototype），甚具參考的價值。如果我們回顧初期教會的崇拜生活和目的，會發現「關心眾人的需要」絕不下於「真心誠意的尊主為大」。新約聖經記載早期的使徒教會在信徒的家中唱詩、祈禱、擘餅敬拜主，而初期教會亦採納了猶太人的部分會堂敬拜模式，即有讚美、祈禱、親咀、讀經、解經、聖餐和阿門頌等。[33] 教會很早期已開始以詩歌來敬拜上帝，正如以弗所書五章19節所說：「當用詩章、頌詞、靈歌彼此對唱，口唱心和地讚美主」；而某些詩歌亦同時反映當時教會的神學觀，例如歌羅西書一章15至20節就表達了一種「宇宙基督論」（Cosmic Christology）。[34] 有記載顯示，當時一名教外人士皮里紐（Pliny）曾記載教會的習俗：「他們習慣了在特定的一日，一大清早就聚集，向著他們所認為是上帝的基督，彼此對唱著詩歌。」[35] 除了詩歌讚美外，舊約經文/使徒書信的宣讀和講解，聖餐和洗禮的遵守，凡此種種，都是為叫信徒藉此來尊崇上帝、尊主為大。

但初期教會並沒有忘記他人的需要，沒有把崇拜內在化和屬靈化，反倒表達對別人應有的關心。在初期教會的一份教會教規的文件〈十二使徒遺訓〉（下文簡稱〈遺訓〉）中，就如此教導信徒：

> ……不可伸著手領受，卻縮著手施捨。將你手裏所得的給人一份，好贖你的罪。你不可遲疑於施捨，於施捨時也不可發怨言，因為知道好的酬勞者是誰。你不要拒絕貧窮的人，凡物都要與弟兄相共，不可說這是你自己的，你若能在不朽壞的當中有分，何況在那能朽壞的當中呢？……要在會眾面前承認你的罪，如覺良心有愧時，切不可上前去作禱告，這是生命的道路。[36]

當〈遺訓〉教導信徒如何獲得生命之道時，在最後的部分，它要求信徒要顧念別人，尤其是社會上貧窮的人，要懂得施捨、懂得分享。在講論完眾生命之道後，〈遺訓〉提醒信徒，假若覺得自己未能踐行這生命之道，良心有愧，就不要上來崇拜了。原來，遵行上帝的吩咐，包括關顧貧窮人的需要（在現今可稱為關顧弱勢羣體的需要），較之前去敬拜上帝重要！這完全符合何西亞書六章6節所說的教導：「我喜愛良善（或譯：憐恤），不喜愛祭祀」。

我們亦可以從初期教會中著名的殉道者游斯丁（Justin Martyr）——向當時的皇帝安多尼努庇烏及其皇子所陳述的——一篇關於基督宗教的信仰內容和神學的護教文章（後世稱為〈游斯丁第一護教辭〉）中看出，初期教會的崇拜模式及其對信徒在崇拜之中的回應有甚麼要求：

> 我們當中有錢的就幫助貧乏者；我們總是大家一起；我們為那得到供給的一切物件，藉聖子耶穌基督和聖靈，稱頌萬有的創造主。在稱為主日的這一天，住在城市或鄉間的全眾，都聚集到一個地方，依照時間所許，誦讀眾使徒和記錄和眾先知的著作；讀畢之後，主席宣講並勉勵仿行這些善行。於是我們全體起立祈禱；如我們在上面說過的，當我們禱告完畢之後，搬出餅和酒及水來，由主席依其能力，照樣奉獻禱告和感謝，由大眾同意，說阿門；於是將這感謝獻一一分給各人，並留下一部分給未能到會的人，由執事以後送去。信徒中一些有錢的人，如果願意，就隨自己的意思把部分財物，施捨出去；這樣收集的款項，由主席保存，賙濟孤兒寡婦，和那些需要的人，例如患病及它種事故，還有那些受捆綁在牢的人和寄居在我們這裏的異鄉遠客。總之，一句話，就是照顧凡感需要的一切人。[37]

從上述的引文，我們可以看出初期教會像今天的我們一般，十分著重通過各項的崇拜活動/安排（例如讀經、證道、祈禱、聖餐、奉獻）來帶領信徒進入敬拜當中，讓信徒可以真心誠意地尊主為大，而上帝亦得著祂當得的榮耀。但在講述整個崇拜的過程中，游斯丁在不同的地方均安插了關顧有需要者的教導，例如叫人幫助貧乏者，教人施捨、賙濟社會上弱勢的羣體；為那些因生活勞碌而未能出席崇拜的人，留下聖餐的餅和酒（今天的教會顯得有所不足）；最後，一言以蔽之，就是「照顧凡感需要的人」。在游斯丁心裏，崇拜並非單顧自己的感受和需要，反之，真正的惟獨敬拜上帝，乃是必須包括對上帝吩咐我們關顧弱勢羣體的肉身和靈性的要求。正如主耶穌說，律法的總綱就是愛上帝和愛人如己般，倘若只愛上帝、尊主為大，卻忘記了愛別人、為別人捨己，看來，仍不是真正的惟獨敬拜上帝呢！

筆者在此很想引述郭乃弘牧師的兩段話：「教會只顧在聖殿中崇拜上主是不夠的，教會只在聖殿崇拜是錯謬的，因為她否定了上主乃全世界的主宰……聖殿崇拜的主要目的是讚美上主，使主名得到榮耀。然而不論我們在聖殿的崇拜怎樣榮美，假若世上仍有數以億計的人因飢餓、缺乏醫療照顧和安全的居住環境而陷入死亡邊緣，上主的面容是否受損呢？教會可容讓這矛盾繼續擴張而置之不理嗎？」[38] 主日崇拜（Sunday service）不應是我們在享受服務（service），而是我們去服事（serve）上帝，服事身邊的人，故此，筆者十分認同不少教會在崇拜最後的環節有差遣禮，為叫信徒到世界見證上帝的真實和公義。

現代崇拜往往呈現出的問題，就是把信仰愈來愈內在化，在崇拜時是「我」敬拜「我」的主，祂是愛「我」，為「我」捨己。因而，崇拜亦愈來愈缺少向外的服事（僅以為傳福音就是向外的行動），甚少關心世界、社會、文化的公義公平問題；甚至有信徒因此發問：「既然崇拜是我和主之間的事，不返教會崇拜，而在家中私人敬拜可以嗎？」如此，便把「我們在天上的父」，變成「我在天上的父」，而基督徒亦變得惟利是圖：好的崇拜就是適合我的崇拜，就是可以把我帶到親近主的崇拜、滿足我的心靈和社交的需要；而不是可以彰顯上帝榮耀的崇拜和服事世人需要的崇拜。[39] 崇拜有被民間宗教化的趨向呢！

不少討論崇拜神學的著作，均著重如何可以達至真心誠意地敬拜上帝，如何可以與上帝「靈交」，如何親近上帝和增進與上帝的關係。[40] 因而，不少討論便集中在如何可以達到上述的目的，或禮儀、或證道、或詩歌、或其他林林總總的模式（正如本文的第二和三部分）；或是從神學角度討論究竟在崇拜中回應上帝應是出於人的意識抑或是上帝的恩典云云，例如多倫斯（James B. Torrance）就曾發表一段被譽為「發人深省」的文字：

> 因此，基督徒的崇拜是我們透過〔聖〕靈而參與到基督與父的相交中去，參與到基督在崇拜和代求的代替性生命中。我們回應我們的父，也只有以祂在基督裏為我們所作的來回應。崇拜是我們自己奉獻身、心、靈，好回應祂在基督裏為我們所作出的真正奉獻。崇拜是我們對上帝恩典（charis）的感激（*eucharistia*）的回應，是我們藉著恩典而分享基督在天上的代禱。因此，我們所說任何關於崇拜的——崇拜的形式、實踐及程序——必要在基督的亮光下言說，因為這是對祂的回應。我們必須在恩典的福音亮光下言說，我們必須問我們自己，我們的崇拜形式是否傳遞福音？當基督藉著〔聖〕靈把

> 我們引帶進入分享相交的生命去，這些崇拜形式是幫助人認識崇拜和基督的事工？抑或這些崇拜形式造成的乃是障礙？這些崇拜形式使得基督的真正臨在於崇拜中可見，抑或模糊了？在還沒有決定我們的傳統和程序是否合意之前，要回答這些問題，我們必須得查看崇拜的意義、內容。[41]

上述的引文，可能在討論如何更內在化和屬靈化地崇拜方面確有「發人深省」的啟迪，但筆者相信，崇拜神學不能停留在此！如何回應上帝對社會公平公義的要求，是思考崇拜神學所不能或缺的向度。

我們要惟獨敬拜上帝？不錯，我們要惟獨敬拜上帝，並用各種的方式，盡心性意力地尊崇上帝。但必須同時關顧別人、社會、世界，通過我們的參與，讓上帝對世界的主權可以被體現出來——信徒要加上如此的回應，才是真正的以上帝為中心，惟獨敬拜上帝，而不是只追求個人在三一上帝的恩典下與上帝相交靈交就以為滿足。最後，讓我們以以賽亞書五十八章3至8節作結：

> 他們說：「我們禁食，你為何不看見呢？我們刻苦己心，你為何不理會呢？」看哪，你們禁食的日子仍求利益，勒逼人為你們作苦工。你們禁食，卻互相爭競，以凶惡的拳頭打人。你們今日禁食，不得使你們的聲音聽聞於上。這樣禁食豈是我所揀選、使人刻苦己心的日子嗎？豈是叫人垂頭像葦子，用麻布和爐灰鋪在他以下嗎？你這可稱為禁食、為耶和華所悅納的日子嗎？我所

> 揀選的禁食不是要鬆開凶惡的繩，解下軛上的索，使被欺壓的得自由，折斷一切的軛嗎？不是要把你的餅分給飢餓的人，將飄流的窮人接到你家中，見赤身的給他衣服遮體，顧恤自己的骨肉而不掩藏嗎？這樣，你的光就必發現如早晨的光；你所得的醫治要速速發明。你的公義必在你前面行；耶和華的榮光必作你的後盾。

原來，宗教上的敬虔（例如禁食），上帝可以不看不理會；禁食不如為受欺壓者鬆綁，分食給窮人，為「無家可歸」的人提供住宿（此點對今天樓價高企的香港來説更有意義），為衣不蔽體的人提供保護。彼此互勉。

註釋：

1. Carlos M. N. Eire, " 'True Piety Begets True Confession' : Calvin's Attack on Idolatry" in *John Calvin and the Church: A Prism of Reform*, ed. Timonthy George (Louisville, KY: Westminster John Know Press, 1990), 247 ~ 249.
2. 陳康：《崇拜與聖樂：理論與實踐全方位透視》（香港：基道，2005），頁 73 ~ 75。
3. J. Matthew Pinson, "Introduction," in *Perspectives on Christian Worship: 5 Views*, ed. J. Matthew Pinson (Nashville, TN: Broadman & Holman Publishers, 2009), 7.
4. 馬丁．路德把羅馬教廷所認為的七個聖禮（洗禮、聖餐、堅振、告解、婚姻、授聖職、臨終膏油）改為只得兩個（洗禮和聖餐），參馬丁．路德：〈教會被擄於巴比倫〉，《路德選集（上）》，章文新編，徐慶譽、湯清譯（香港：基督教文藝，1957 初版，1991 四版），頁 244 ~ 348。
5. T. H. L. Parker, *Calvin's Preaching* (Edinburgh: T & T Clark, 1992), 6 ~ 7.
6. Parker, *Calvin's Preaching*, 17 ~ 32.
7. Paul Scott Wilson, *A Concise History of Preaching* (Nashville: Abingdon Press,

1992), 101 ~ 103.

8. 參〈奥斯堡信條〉(Augsburg Confession)第二十四條「論彌撒」,《歷代基督教信條》,章文新編、湯清譯(香港：基督教文藝，1957 初版，1989 四版)，頁 74 ~ 77。
9. 陳康：《崇拜與聖樂》，頁 81。
10. 加爾文(John Calvin)：《基督教要義》卷一 11 章，基督教要義翻譯小組譯(台北：加爾文，2007)，頁 61 ~ 76。
11. 參彼得．伯格(Peter Berger)：《世界的非世俗化：復興的宗教及全球政治》，李駿康譯(上海：上海古籍，2005)，頁 9 ~ 11。伯格在此誤把五旬宗的教派歸納於福音派之內，明顯跟一般的基督徒理解不同。
12. 蔡元雲、劉達芳、蔡滋忠：〈震撼生命的動力——聖靈的權能與香港教會更新〉,《時代論壇》第 134 期，1990 年 3 月 25 日，頁 1 ~ 2。
13. 郭乃弘：《崇拜的更新》(香港：香港基督徒學會，2000)，頁 32。
14. 張永信：《崇拜：神學．實踐．更新》(香港：天道書樓，1991)，頁 74 ~ 85。
15. 張永信：〈自由傳統的敬拜〉,《基督教會崇拜的重探》，郭乃弘編(香港：香港基督徒學會，1993 初版，1994 二版)，頁 162。
16. 張永信：《崇拜》，頁 21。
17. 張永信：《崇拜》，頁 27。
18. 筆者所說的這間教會，屬於五旬宗的宗派，如此更見其說服力。
19. 郭乃弘：《崇拜的更新》，頁 42。
20. 郭乃弘：《崇拜的更新》，頁 63。
21. 把現代音樂視為金牛犢，是筆者在上世紀九十年代修讀神學時，其中一位教授聖樂的老師所主張的。
22. 張永信：《崇拜》，頁 66。
23. Ralph P. Martin, *Worship in the Early Church* (Grand Rapids, MI: William B. Eerdmans Publishing Company, 1992), 10.
24. 郭乃弘：《崇拜的更新》，頁 86；張永信：《崇拜》，頁 35。
25. 鄭賀明：〈聖公會的崇拜〉,《基督教會崇拜的重探》，頁 119。
26. 張永信：《崇拜》，頁 10。
27. 張永信：《崇拜》，頁 16。
28. 參張永信：《崇拜》，頁 35。
29. 關於禮儀、證道、詩歌的崇拜模式孰優孰劣的比較，可參 J. Matthew Pinson ed., *Perspectives on Christian Worship: 5 Views.*
30. 究竟人的回應的動力是源於人的宗教意識(往往被視為是自由神學的立場)，抑或是三一上帝的恩典(往往被視為是正確立場)，並非筆者的關注所在。到底，筆者自覺無法肯定/否定自己在崇拜中對上帝的回應是源於哪一種動力；而且筆者更害怕如此的思考，容易再一次陷墮把自身的意識與上帝的恩典二分的危險。讀者如有興趣認識人在崇拜中的回應的動力是源於甚麼，可參看鄧紹光：〈始於三一上帝及終於三一上帝的崇拜〉，《山道期刊》23 期（2009 年 7 月），頁 138 ~ 151。

31. 郭乃弘：《崇拜的更新》，頁 44。
32. 引自章文新編：《歷代基督教信條》，頁 357。（底線為筆者所加。）
33. Ralph P. Martin, *Worship in the Early Church*, 18 ~ 27; Christopher A. Hall, *Worshipping with the Church Fathers* (Dowbers Grove, IL: IVP Academic, 2009), 27 ~ 30.
34. Daniel L. Akin, "The Never-Changing Christ for an Ever-Changing Culture," in *Who will be Saved? Defending the Biblical Understanding of God, Salvation,& Evangelism*, ed. Paul R. House and Gregory A. Thornbury (Wheaton, IL: Crossway Books, 2000), 67 ~ 69.
35. 引自樂馬可（Mark A. Noll）：《轉捩點——基督教會歷史里程碑》，邱清萍譯（帕塔露瑪：美國中信，2002），頁 19。
36. 引自章文新編：《基督教早期文獻選集》，謝扶雅譯（香港：基督教文藝，1976 初版，1990 再版），頁 265 ~ 266。
37. 引自章文新編：《基督教早期文獻選集》，頁 457。（底線為筆者所加。）
38. 郭乃弘：《崇拜的更新》，頁 110。
39. 郭乃弘：《崇拜的更新》，頁 117。
40. 宗教改革就是重視在崇拜裏，通過共同閱讀聖經和信徒各自對上帝的喜樂見證，來達到直接與上帝保有個人的關係。參 Wilson, A *Concise History of Preaching*, 87。
41. 引自鄧紹光：〈始於三一上帝及終於三一上帝的崇拜〉，頁 150 ~ 151。

2

聖餐的革命性

鄧瑞強

一 導言

福音是透過聖道和聖禮傳揚開去的，崇拜的核心就是聖道和聖禮。我將聖禮簡單地理解為「可見的道」。[1] 聖道解釋聖禮，聖禮使聖道變得具體可見。這「可見的道」，像先知們那些帶有信息的動作，他們藉動作將信息表達出來。基督教的聖禮有洗禮和聖餐。本文只討論聖餐，由於聖餐的意義是豐富的，本文只能探討那些較少為人注意的意義。聖餐作為一常常在崇拜中施行的「可見的道」，它實在是以動作述說著福音的故事。問題只是：我們會否對聖餐所盛載的信息視而不見？

有時，教會將聖餐過分禮儀化、私人化，將之抽離其歷史背景及羣體處境，以致忽略了這「會說話的行動」所要傳達的信息，使這「可見的道」淪落得「無道可見」。[2] 本文的要旨，是將聖餐放回其原有背景上，看看它所要傳達的信息。

二 最後晚餐的前奏：洗腳

約翰福音沒有「設立聖餐」的情節，卻獨特地記載了耶穌洗腳的事（約十三 1～20）。在這故事中，耶穌「脫了」（*tithēmi*）衣服（十三 4），後來又「穿上」（*lambanō*；12 節），這兩個重要用字曾在論述「好牧人」的經文裏出現過。耶穌之前說過：「我是好牧人；好牧人為羊捨（*tithēmi*）命」（十 11、15）；「我父愛我；因我將命捨（*tithēmi*）去，好再取回來（*lambanō*）。沒有人奪我的命去，是我自己捨（*tithēmi*）的。我有權柄捨（*tithēmi*）了，也有權柄取回來（*lambanō*）」（17～18 節）。[3]

看來，耶穌為門徒洗腳的事件和祂的捨命事件息息相關。約翰福音以耶穌為門徒洗腳情節中的「脫了／捨去」，代替設立聖餐的那段話：「這是我的身體，為你們捨的」。在洗腳情節中，耶穌又講到：「我若不洗你，你就與我無分了。」（約十三 8）這行動的意義，在於使門徒的生命與基督合一。這也就是聖餐裏，領餐者吃下「基督的身體」、與基督合一的同一個意思。耶穌的「服事」和「捨己」，將成為門徒生命的特徵。之後耶穌說：「我是你們的主，你們的夫子，尚且洗你們的腳，你們也當彼此洗腳。我給你們作了榜樣，叫你們照著我向你們所做的去做。」（十三 14～15）這句話看來就是代替設立聖餐的後半句話：「你們也應當如此行，為的是記念我。」如此，約翰福音記載了耶穌為門徒洗腳的事件，其意義等值於其他福音書裏所記載耶穌設立聖餐的事件。若聖餐是「可見的道」，「洗腳事件」則是進一步的「可見的聖餐」，它將聖餐的含意，以日常生活的具體事例表達出來。

有人指出，撒但國度最大的特徵，就是有暴君宰制人；而天國的最大特徵，就是彼此平等以愛服事。[4] 在天國裏，「為首領的，倒要像服事人的」(路二十二26)。約翰福音以「為他人洗腳」來表達「聖餐」的內在含意，指出了聖餐其實是一「服務、愛及團契的行動」。[5] 這行動破壞了撒但國度的秩序，讓天國彰顯出來。

「當『主人』像『僕人』般服事時，則『主人』和『僕人』的界線已被取消了」。[6] 單就這一點，已看到「聖餐」的革命性了。它顛覆了世人對「控制權」的重視。它叫人明白生命的尊貴，不在於坐在高處，而是於甘心服事。我們如此行，則使自己連於基督，也有分於祂的十架。

當我們領聖餐的時候，我們明白這行動意味著，我們願意「為他人洗腳」嗎？

三 聖餐：原是一頓朋友之間的飯局

耶穌的最後晚餐，原是一頓朋友之間的飯局。哥林多前書十一章17至34節中論聖餐的經文，也顯示聖餐與飯食是連在一起的。耶穌的福音，很多時亦流露在祂與不同人的吃飯之際(例如：太九10，二十六7；可二15，十四3；路五29，七36，十一37；約十二2)。最大的飯局，當然要數「五餅二魚」的故事了。這些「吃飯」事件，和主的「最後晚餐」，其性質一脈相承。這可以構成獨一無二的「吃飯神學」。要了解聖餐，當然不能忘記這原是一頓朋友之間的飯局。

「人類學家只要找出一個社羣在何處吃、何時吃、與誰人一起吃，便能大致推斷出這個社羣不同成員之間的關係的種種狀況。」[7] 不是嗎？如何安排你婚宴裏客人的坐位，已夠你忙上幾天，因為背後所牽涉的，乃是錯綜複雜的關係。可以想像，如何吃一頓飯，能顯出一個社羣的生命特質。

耶穌是如何吃飯的呢？

祂與女人、痲瘋病人、稅吏一起吃飯。祂視他們為自己的朋友。單就這一點，在當時的文化裏，已掀起一場重大的「吃飯革命」。做到這點的人，是一個「經歷深刻轉化」的人。[8] 在這些飯局裏，「不再容許有社會階級的分野，人人平等，人人受歡迎。克羅桑（John Dominic Crossan）稱這為『開放的同食』（open commensality）。人人同枱吃飯，是聞所未聞的，這引人反感。但耶穌說，要如此行，這是對的，這是我們的救贖」。[9] 保羅責備哥林多教會的聖餐安排，其中一個重點，就是他們分門別類，使一個理應讓窮人得到尊重的時機，反使窮人感到難堪。

一頓飯，是叫人得飽足的。「在真實的筵席中，聖餐的『擘餅』，叫人最基本的需要獲得滿足。在初期教會裏，這是理所當然的」。[10] 領聖餐的人，不會讓他人餓著肚離去。領聖餐時如此，在平時生活也應如此。據記載，有人向羅馬哈德良皇帝（Emperor Hadrian）作證說：「若他們〔基督徒〕當中有一人因貧窮而沒有足夠食物，則他們〔其他基督徒〕會禁食數日，將食物留給那人……這實在是一種新人類，有神性在他們當中。」[11]

聖餐作為一頓飯，它提示了基督徒不能漠視身邊人生活的基本需要。若我們去領聖餐，卻置飢餓者而不顧，這是忘記聖餐真是一頓飯，也是忘記耶穌藉「開放的同食」而教曉我們的福音。我們會否將一頓飯變成空洞的禮儀，而忽略了其本身乃是邀請所有人來同枱吃飯的要求？

當我們領聖餐的時候，有沒有留意到在教會裏、在我們的生活社羣裏，有人沒有飯吃？當我們領「聖餐」的時候，我們明白到這行動乃意味著，我們願意打破一切籓籬，平等分配資源，讓所有人的生命都得到具體的飽足嗎？

四 聖餐：原是逾越節的筵席

最後的晚餐，原是逾越節的筵席。今日的猶太人守逾越節，會按禮儀問一個問題：「為何今晚有別於其他晚上？」[12] 然後，有人會講說以色列人出埃及的故事。

逾越節的那一天，有甚麼特別呢？

這是歷史轉折的時刻，經過那一天，以色列人就從屈服於埃及法老的奴隸的身分，轉而成為順服上帝的自由人。

「他們在埃及為奴，但上帝將他們從壓迫中拯救出來。這個記憶不是詩意的想像，而是個人身分的認同」。[13] 這頓逾越節晚餐，是被上帝救贖的人的身分尋索之旅。他們記起被政治及經濟暴力欺壓下的勞苦，他們也記起被上帝解放的喜悅。守這逾越節，是一種恆常的「對政治及經濟解放的渴望」。[14]

聖餐作為一新的逾越節筵席，是否刺激我們去留意，其實還有很多人在種種的奴役之中？我們有否看到：有人為真理發聲而失去自由；有人在不正義的經濟結構中只能苟延殘喘地生活；經濟成果從窮人手中被掠奪到富人手中，以致造成極度的貧富懸殊？

在這具有逾越節背景的聖餐裏，若我們問：「為何今晚有別於其他晚上？」哥林多前書十一章23節的回答則是：「這是主耶穌被賣的那一夜」。我們很多時像那些門徒一樣，只是好奇地問：「誰會出賣主？」我們很少會問：「究竟主被出賣給誰？」[15]

主被出賣給「宗教、經濟及政治」的不正義同盟。主衝擊了將聖殿變成市場的不正義結構。耶穌不是「改革」這結構，他是「潔淨」聖殿。這是致命的。

「……聖餐……不是宣告基督的自然死亡，而是宣告社會及政治的不正義，是這不正義將基督置諸死地……慶祝聖餐，就是肯定天父徹底地反對世界的罪惡所引致的不正義，公開宣告這不正義反對了那義者……在那被不正義侵害者的復活中，祂與天父站在一起」。[16]

當聖餐禮儀宣告「主耶穌被賣的那一夜」時，我們是反對種種不正義的被害。這種種不正義的力量，威嚇人、奴役人、泯滅人的尊嚴、置義人於死地。這是罪的深淵的力量。耶穌的死源自主和這些力量角力。主批判這些力量，也要克服這力量。領聖餐的人，就是與主在一起，反對這些力量，克服這些力量。

如此，具逾越節背景的聖餐，意味著個人生命的解放，也意味著政治及經濟制度的解放。沒有政治及經濟制度的解放，個人生命的解放仍未夠「落地」。當然，個人生命未被解放，也很難明白政治及經濟制度的「罪性」。解放神學指出，「與上帝〔真實〕相交，與人〔真實〕相交，必先消除一切不正義及剝削」。[17]「若沒有真正委身於反對剝削及異化，若沒有委身於追求社會的團結和正義，則慶祝聖餐的儀式只一種空洞的行動」。[18]

我們習慣在領受聖餐時為自己的罪過懺悔，但我們較少想及社會、政治、經濟上的結構性罪惡。我們較容易看到自己個人的罪，但較少體會我們可能參與了結構性的罪惡而欺壓了他人。我們較關心我們與上帝的個人關係，但較忽略整個社會是否遠離上帝。簡言之，我們容易忘記，聖餐指向那從不正義的種種制度中解放出來的具體行動，而我們正參與在這解放的事件中。「這一切都是非常落地及具體的，這是一種有血有肉的政治」。[19]

當我們領聖餐的時候，是否會關心那些仍在種種奴役中的人？

五 餅和酒

聖餐用的是「餅」和「酒」。

「餅」和「酒」不同「生果」和「清水」。「生果」和「清水」完全取自大自然，不大需要加工。「餅」和「酒」雖也取自大地，卻需要人的勞動加工。以餅為例，這需要人去「播種、收割、研磨、搓糅、烤焗、在市場出售」[20] 等等，這涉及整個食物生產工序。在其中，人必須作出貢獻；在其中，人能享受其勞動成果。問題是：食物生產如今去到甚麼地步？食物消費現在弄到甚麼樣子？

有資料顯示，美國的經濟策略是：一，棄置剩餘的農產品，而不會讓有需要的人食用，以免產品價格過低而影響自身利益；二，鼓勵窮國放棄自足的食物生產策略，以使它們需要倚賴外國；三，誘使窮國倚賴富國，使它們無法抗衡富國在其地的資源掠奪。[21] 如此，在窮國裏，是否會有人耕作，卻無「餅」可吃？是否有人釀「酒」，卻不能享受當中的歡樂？

當我們在聖餐中拿起這「餅」和「酒」時，我們有否關注這餅和酒背後的生產結構？這涉及所謂「公平貿易」的問題。當「餅」被高舉時，當「餅」指向基督時，我們會否停下來，考量一下，「餅」的生產和消費是否真能指向基督？是否有人吃得太多而天天嚷著要減肥，而生產這「餅」的人卻在飢餓邊緣？當這「杯」被高舉時，是否有人沉醉在「酒」的歡樂中，而忘卻生產者的愁苦？[22]「餅」和「酒」代表生活的基本所需，若世上的「餅」和「酒」的生產背後，仍有很多「不公平」的故事，我們能以之去記念耶穌為世人傾盡生命的大愛嗎？

「餅」和「酒」不單涉及「公平貿易」，也涉及我們的消費模式。只顧享樂而不顧後果的消費，令「餅」和「酒」需要由老遠的地方運過來，這耗費了燃料；為改善銷路，「餅」和「酒」有過多的包裝，這亦污染了環境。現代食物的標準是，「高產量、易運輸、精美的外表、劃一的成品。營養和味道不再重要，〔結果是〕我們的食物和我們的健康同步下滑」。[23]

「餅」和「酒」乃指向基督，抑或只是我們的消費品？或者說，「餅」和「酒」是基督的恩典，抑或變成了消費的交換？吃一塊餅，喝一杯酒，是將基督「消費」掉嗎？抑或，「餅」和「酒」讓我們記得基督的恩典，而學習放棄「消費」的心態？[24] 若以「消費」的心態領聖餐，則基督會被貶值為令人得到消費快感的物質的餅酒；若以「蒙恩」的心態領聖餐，物質的餅酒則讓人超越了物慾的拘禁，從而接觸到那施恩的上帝。

「餅」和「酒」是大地的饋贈和人神聖的勞動結合的成果，當其被高舉的時候，能在塵世指向基督。但是，人無節制的消費，使生產者的勞動不再神聖，反而變成奴役，他們要領受「最低工資」而作出「最高產值」，好滿足付出「最低價格」而要求獲得「最高享受」的消費者。當然，生產者為了付出「最低成本」而獲取「最高利潤」，「三聚氰胺」、「孔雀石綠」、「甲胺磷」等便大派用場了。大地被污染了，那還有大地的饋贈，而是被迫吐出種種毒物。人性被泯滅了，那還有神聖的勞動，只有「被罪者」和「施罪者」的罪性展露。當聖餐的「餅」和「酒」被高舉時，我們能否看到基督的精神？聖餐指向基督，而聖餐正是世人「需要作出的反抗的真正記號，它反抗那種增長和發展，這種增長和發展視褻瀆環境及泯滅人性為經濟『進步』的『附帶破壞』」。[25] 掠奪資源及增加消費，很多時就是這種「經濟進步」的動力。

當我們領聖餐的時候，會否關注到「餅」和「酒」的生產背後的「正義性」？在經濟的不正義裏，我們是否扮演了某種角色？我們的「吃」和「喝」是否污染了大地，是否忽略了某些人的尊嚴？簡言之，拿著聖餐的「餅」和「酒」，我們會否反省自己是「消費」地生活，抑或是「感恩」地生活？

六「這是我的身體」

主耶穌說：「你們拿著吃，這是我的身體。」

多麼令人震驚的一句話。它顛覆了我的身體和他者的身體的對立。

「你們拿著吃，這是我的身體」。這意味著「某些在你之外的東西，某些他者，如今成為在你之內的東西。你吃了它，它就成為你。曾是**我**的身體，將成為你的身體」。[26] 這不是主體思考裏我與他者的對立，而是聖餐思考裏的我與他者的共融。

奧古斯丁（Augustine）說：「我們吃基督的身體，便會成為基督的身體。」[27] 這不單讓基督進入我們生命，成為我們的一部分；同時也讓我們進入基督裏，成為基督的一部分。「若我們吃了它「基督的身體」，消化它，同化它，則它將成為**我們的**身體，**我們的**真我（selfhood）。若我們所有人也如此行，則我們

一起便成為一個身體」。[28] 同領聖餐的整個教會羣體，成為「基督的身體」(弗四 12；西一 24)。基督身體的故事，也是我們信徒整體生命的故事。「在聖餐裏，我們穿上基督，重活祂的故事，如此行的時候，也發現我們自己的故事」。[29] 如此，「你們拿著吃，這是我的身體」，就不單是基督向我們說的話，也是我們彼此說的話。主耶穌的聖餐行動，也是我們倫理行動的方式。

作為「基督的身體」的一部分，我們讓他人「吃」我們，我們成為他人生命的養分。「聖餐的效果是個人徹底的非中心化(radical de-centering)，個人將自己融入更大的整體裏」。[30] 這是一種新的存在方式。這種存在方式對抗著現代的生活形態。現代的生活形態，強調自我，強調我的獨特性，強調我與他人之分別。這種「獨我」式的生存方式，打破了人性存在應有的關係性，把自己禁錮在自我的圍牆內。向天呼喚，聽不到天的回應；向人求助，看不到人的援手。領受聖餐，就是讓人能體會上天的恩典，也讓人以感恩的心向他人伸出援手。

領受聖餐是生命的重構，故領受聖餐不是溫馨的培靈時刻，而是進行生命存在的大手術。聖餐是生命的「革命，而不純粹是『內心的改進』，因為在存在的深層裏，發生了生命根本的改變……〔這改變是：〕我之為我，不再是因為我不是你、對抗你；我之為我，是因為我將我送給你、愛你、肯定你。如此，我不再是在你之外，與你分離；而是我在你之內，與你共生」。[31]

這是一全新的生命，全新的「我」。這個「我」不是對立他人之我，而是和他人一體的我。吃了「基督的身體」，我就不再是過去的我，而是基督在我裏面活著了(參加二 20；腓一 20)。

當我們領聖餐的時候，會否反省我們的生命是否依然「故我」，抑或已在基督裏轉化？

七 「你們應當如此行」

主耶穌說：「你們應當如此行，為的是記念我。」(林前十一24)所謂「如此行」，就是單指「舉行聖餐」這儀式嗎？我想，「你們應當如此行」，也應指實踐出「聖餐」的精意。

有人說，「聖餐是倫理的起始點」。[32] 我想，這是對的。的確，聖餐不只是信仰禮儀這麼簡單，它代表著基督的生命和行動。若耶穌將代表祂「身體」的「餅」擘開，分給各人，則我們應不單單在聖餐裏如此行，也應在生活裏破碎自己的生命，讓他人分享。聖餐是一場「倫理演出」，它以帶有故事內容的行動，訴說著信徒倫理行動的道路。

參與聖餐的人，是將聖餐的倫理變成自己的倫理。如上所言，聖餐提醒我們關注社會上的貧窮問題，關注政治和經濟壓迫下的解放，關注大地的生產，關注錯誤消費心態造成的種種破壞。不單有行動上及心態上的改變，聖餐也提示信徒改變自己的「存在結構」，從「舊我」改變成「新我」。惟有這樣，一個人的倫理才不是「主體哲學」的「自律倫理」，而是「聖餐神學」的「基督倫理」。在這「基督倫理」裏，信徒看到自己的生命和基督共在，且和他人連在一起，也和大地緊密相連。這種「和他人連在一起」，不是一個「獨立的個體」和另一「獨立的個體」連在一起，而是根本看到「我」在「你」之內，「你」在「我」之內。當我忽略他人的需要時，「我」的意義也失去了。這就如當「基督的身體」不再被擘開而分給他人時，「基督」的意義也失去了。

按哥林多前書十一章17至22節的記載，那些領聖餐者的最大錯誤，是他們遺忘了他者，忽略了他人的需要。這其實不單取消了聖餐，也取消了作為基督徒的自己。領餐的人，若沒有活出「聖餐倫理」，則他只是「吃喝自己的罪了」(林前十一29)。

當我們領聖餐的時候，會否記得在平常生活裏也要「如此行」呢？

八 「為的是記念我」

主耶穌說：「你們應當如此行，為的是記念我。」(林前十一24)「記念」耶穌的甚麼東西呢？

有人說：「記念基督就是日新又新的接受祂的生命的意義——全然奉獻給他人。」[33]或者說：「記念基督……就是接納十架標記下及在復活盼望裏的生活。這是接受一種生命的意義，這生命為了愛他人而將生命交給此世的權勢以致受死。」[34]聖餐要記念的，是十架基督所代表的存在方式及其包含的種種信仰意義。如此，這種「記念基督」不可能是一種純粹的回憶，猶如惋惜某種逝去的過去，而是像默茨(Johannes Baptist Metz)所說的，是一種「危險的回憶」。

「危險的回憶」是一種怎麼樣的回憶？

危險的回憶「困擾著當前，並對之提出質疑，因為它在回憶著尚未經歷的未來。這樣一種回憶衝破主導意識的禁錮，索回尚未解決的、受遏制的衝突和沒有得到補償的希望。它反對當前佔統治地位的認識，高揚以往的經驗，從而使當今之理所當然性失去保障」。[35]

「危險的回憶」不是一種無可奈何的懷舊的感傷，而是一種因為沒有忘記「基督的生命」而有的「反抗」精神。其實，「回憶」與「反抗」連在一起，在社會上的示威行動中很常見。當示威人士舉起「毋忘某某事情」的標語時，他是以一種「危險的回憶」去對抗現實的不義。在聖餐中，正正因為記得基督的十架，我們便反抗一切反十架的行為。正正因為記得基督的分餅，我們便反抗將餅據為己有的行為。正正因為記得十架基督將天父的心意表明，我們便反抗現實的一切不義。「記念基督」，意味著生命有一種信念，有一種價值的堅持，甚至為了實現這價值而有赴死的勇氣。這種「記念」，反抗現世的墮落，反抗現世扼殺人性的霸權，堅持信仰價值到底。「記念基督」是一種危險的記念。

這種「記念」，「強迫我在當前將某些我在個人經驗和感知的狹窄基礎之上，完全無法領悟和實現的東西，喚入我的回憶；這就是說，它防止把我自己的宗教經驗，僅僅當作某一主導意識的功能」。[36] 若我們在聖餐中「不再記念」基督，則聖餐可能只會淪為滿足個人宗教渴望的經驗。這種個人經驗是狹隘的，並不會使我們明白天父的心。惟有「記念基督」，聖餐便救我們脫離狹隘的個人意識，讓個體走出自我，融入基督真實的生命中。

記念基督，是「力圖認知上帝的應許與那種由異化了的願望和旨趣所推動的歷史之間存在著的『致命』的衝突」。[37] 沒有這種對基督的回憶，我們便可能因現實的種種壓力、困難、危險，而出賣信仰，將信仰變成現世潮流文化和建制力量的工具，並失去了基督的身分和生命。

主說：「你們應當如此行，為的是記念我。」當我們領聖餐時，不要忘記自己的身分。

九 「直到我在上帝的國裏喝新的那日子」

主耶穌說:「我實在告訴你們,我不再喝這葡萄汁,直到我在上帝的國裏喝新的那日子。」(可十四 25)

聖餐不僅有「記念」的過去向度,有「如此行」的現在向度,也有「在上帝的國裏喝新的那日子」的將來向度。

在上帝的國裏共享筵席,是聖經裏常見的「終末論」情景。如:「在這山上,萬軍之耶和華必為萬民用肥甘設擺筵席,用陳酒和滿髓的肥甘,並澄清的陳酒,設擺筵席。」(賽二十五 6)。主耶穌的天國比喻,也少不了筵席的場面。其中令人快慰的,是這天國筵席容讓「貧窮的、殘廢的、瞎眼的、瘸腿的」赴宴(參路十四 21)。

聖餐,乃指向天國的筵席。對我們今日來說,這筵席仍是一「末世的盼望」。這盼望根植於主的復活。主復活了,才能和我們在上帝的國裏喝新酒。主的復活,對我們這羣懷著「危險的回憶」而效法十架基督「如此行」的人來說,這是關鍵的。主的復活告訴我們,「像耶穌那樣為別人和上帝而死,不是沒有意義的。那些為正義而死的無名人士,他們在天父對耶穌的肯定中,找到解釋」。[38] 沒有主的復活,沒有和主在上帝的國裏喝新酒的盼望,則我們怎能有力量,在塵世中對抗邪惡?

主的復活,面對面的對抗死亡,也對抗將耶穌置之死地的種種力量。這是宣告十架耶穌的得勝,也是審判一切叫人無「餅」可吃、無「酒」的歡樂可享的不義權勢。耶穌邀請我們在上帝的國裏喝新酒,也就是邀請我們大膽地加入祂的行列,大膽地放下權勢而去為他人洗腳,大膽地破碎自己讓他人分享,大膽地背起十架,因為那叫耶穌復活的力量,也應許我們在基督裏復活。復活的盼望賦予我們力量去對抗不義。無怪乎有人說：「復活是反抗的終極基礎」。[39]

當我們領聖餐的時候，我們是接受了耶穌的邀約，「喝新的那日子」就是我們生命的前景。我們再沒有別的前景，也不受別的前景迷惑。這個前景將給我們方向，也給我們堅持到底的力量。

當我們領聖餐的時候，不要忘記，我們是宣告盼望的。這盼望預告，那些與基督一樣為上帝的正義而死的人，有分於天國的筵席。

十 結語

聖餐，是基督教崇拜的核心。它以一禮儀戲劇呈現上帝在基督裏要成就的救贖工程。它將基督的生命及事工，以多角度、多維度的向我們展現。有人說，「聖餐是基督教踐行的本質，是洗禮的完成，是感恩地肯定耶穌的生命、死亡和復活。這肯定將我們納入一聖靈的團體裏，去作耶穌曾作過的事，這就是尋求和建立上帝的國」。[40] 聖餐與信徒及教會的整全身分及使命息息相關。我們的信仰不能沒有踐行，而聖餐就是具體地將我們踐行的「終極目的」(*telos*)展示出來。[41] 以上討論的，是信徒踐行的「終極目的」可能有的不同面向。

在聖餐裏，我們不單認同基督，更成為基督身體的一分子。這種身分的認同和與基督生命的結合，不能不帶有顛覆性。聖餐是「對一切非人性的情景作出先知式的**公開譴責**，這些非人性情景，乃違反了團契、正義和自由」。[42] 故此，領聖餐的人，是反抗一切反人性和非人性的行動和制度結構的。聖餐叫人看清楚基督生命的真相，從而叫人認識自己及社會情景的實況。聖餐審判人和社會的一切罪惡，呼喚人回歸基督，並以基督的力量，實現那還未實現的盼望，即天國的終極筵席。

讓我們同領這餅，記念是主的身體；同喝這杯，記念是主的寶血。

註 釋：

1. 參考 David Willis, "Sacraments as Visible Words," *Theology Today* 37 no.4 (January 1981): 444 ～ 457 及 Robert W. Jenson, *Visible Words: The Interpretation and Practice of Christian Sacraments* (Philadelphia, PA: Fortress Press, 1978)。
2. 參 Brian Wren, "Justice and Liberation in the Eucharist," 網址：http://www.religion-online.org/showarticle.asp?title=1051，瀏覽於 2010 年 11 月 5 日。
3. 參 Francis J. Moloney, *The Gospel of John* (Collegeville, PA: The Liturgical Press), 378。
4. Joseph A. Grassi, *Broken Bread and Broken Bodies* (Maryknoll, NY: Orbis Books, 2004), 68.
5. Gustavo Gutiérrez, *A Theology of Liberation*, trans. Sister Caridad Inda and John Eagleson (Maryknoll, NY: Orbis Books, 1988), 149.
6. Beatrice Bruteau, *The Holy Thursday Revolution* (Maryknoll, NY: Orbis Books, 2005), 59.
7. Bruteau, *The Holy Thursday Revolution*, 61.
8. Bruteau, *The Holy Thursday Revolution*, 51.
9. Bruteau, *The Holy Thursday Revolution*, 52 ～ 53.
10. Wren, "Justice and Liberation in the Eucharist," 2.
11. Wren, "Justice and Liberation in the Eucharist," 5.
12. 參 "Pesach Seder: How is This Night Different," 網址：http://www.jewfaq.org/seder.htm，瀏覽於 2010 年 11 月 5 日。這網上文章簡單解說猶太人守逾越節的程序。
13. Wren, "Justice and Liberation in the Eucharist," 2.
14. Wren, "Justice and Liberation in the Eucharist," 2.

15. 參 Wren, "Justice and Liberation in the Eucharist," 3。
16. Rafael Avila, *Worship and Politics*, trans. Alan Neely (Maryknoll, NY: Orbis Books, 1981), 48. 轉引自 Horton Davies, *Bread of Life and Cup of Joy* (Grand Rapids, MI: William B. Eerdmans Publishing Co., 1993), 190～191。
17. Gutiérrez, *A Theology of Liberation*, 149.
18. Gutiérrez, *A Theology of Liberation*, 150.
19. Wren, "Justice and Liberation in the Eucharist," 2.
20. Wren, "Justice and Liberation in the Eucharist," 5.
21. Grassi, *Broken Bread and Broken Bodies*, 84.
22. Wren, "Justice and Liberation in the Eucharist," 5～6.
23. Marc Boucher-Colbert, "Eating the Body of the Lord: Eucharist and Community-Supported Farming," in *Embracing Earth*, ed. Albert J. LaChance and John E. Carroll (Maryknoll, NY: Orbis Books, 1994), 119.
24. 參 William T. Cavanaugh, "Consumption, the Market, and the Eucharist," in *Hunger, Bread and Eucharist*, ed. Christophe Boureux, Janet Martin Soskice and Luiz Carlos Susin (London: SCM Press, 2005), 88～95。
25. John P. Hogan, "The Eucharist and Social Justice," in *Romero's Legacy: The Call to Peace and Justice*, ed. Pilar Hogan Closkey and John P. Hogan (Lanham: Rowman and Littlefield Publishers Inc., 2007), 27.
26. Bruteau, *The Holy Thursday Revolution*, 60；文字的強調為原文所有。
27. 轉引自 Hogan, "The Eucharist and Social Justice," 27。
28. Bruteau, *The Holy Thursday Revolution*, 62；文字的強調為原文所有。
29. Hogan, "The Eucharist and Social Justice," 31.
30. Cavanaugh, "Consumption, the Market, and the Eucharist," 92.
31. Bruteau, *The Holy Thursday Revolution*, 64.
32. Geoffrey Wainwright, *Worship with One Accord* (Oxford: Oxford University Press, 1997), 202.
33. Gutiérrez, *A Theology of Liberation*, 148.
34. Gutiérrez, *A Theology of Liberation*, 150.
35. 默茨（Johannes Baptist Metz）：《歷史與社會中的信仰》，朱雁冰譯（香港：三聯，1994），頁 260～261。
36. 默茨：《歷史與社會中的信仰》，頁 262～263。
37. 默茨：《歷史與社會中的信仰》，頁 265。
38. Davies, *Bread of Life and Cup of Joy*, 184.
39. Rafael Avila, *Worship and Politics*, 47；轉引自 Wren, "Justice and Liberation in the Eucharist," 4。

40. Hogan, "The Eucharist and Social Justice," 26.
41. 參約拿單．威爾遜（Jonathan R. Wilson）：《真的上教會？——教會敬拜、事奉與使命的重塑》，陳永財譯（香港：基道，2008），頁 111 ~ 114。
42. Gutiérrez, *A Theology of Liberation*, 152；文字的強調為原文所有。

3

讓崇拜顛覆崇拜的世俗化

趙崇明

一 文化與崇拜的關係

皮珀(Josef Pieper)在《閑暇:文化的基礎》(*Leisure: The Basis of Culture*)一書中,談及神聖的節日慶典和崇拜跟文化的關係,他留意到宗教崇拜儀式(cult)這一英文名詞,跟文化(culture)這一英文名詞有關。根據皮珀的觀察和分析,事實上那些節日慶典文化的源頭,就是敬拜上帝的崇拜儀式。在節日慶典的活動裏,人會放下其平日繁忙的工作,進入休閒的狀態,參與這些節日慶典的活動。若從宗教信仰的角度而言,這種休閒或基督教所指的安息,也就是轉向上帝和專注上帝的崇拜本身。正如皮珀所言:「從工作中休息乃是一種崇拜儀式:某些特定的日子或時間乃是特別專為神而保留。」[1] 而事實上,西方基督教的文化(包括神學)正是在崇拜中逐漸形成。

對非基督徒而言,即或這種放下工作的休閒並非為敬拜上帝而設，但也可以說是為了進行另一些富創造性的活動而存在，例如人會進行哲學的玄思或從事藝術的創作；但那些忙於工作和勞動的人，則由於沒有時間、也沒有心靈的空間進行這類沉思或創作的文化活動，故惟獨享有真正休閒的人才能做到。因此，皮珀總結出，在節日慶典和崇拜中所獲得的閑暇，正是構成西方文化的基礎。由此可見，崇拜間接和西方文化的形成有關。

從文化是人類存在或生活方式（ways of life）這一角度而言，克拉普（Rodney Clapp）亦留意到，身處於不同文化的人，在文化的核心中，他們似乎都直接或間接地關心一個共通的課題——生存，並認為這是值得付代價去維護的。[2] 亦由於此，克拉普便指出：「從語源學的角度來看，無怪『culture』（文化）這個字的字根會是 *cultus*（意即崇拜）。崇拜是關乎給予和確認價值——以及給予和確認最終的價值。」[3] 換言之，崇拜在給予和確認人類存在或生活的文化價值這事情上，扮演著重要的角色。

一方面，崇拜對文化的建構和成形起著正面的影響力和作用；但另一方面，其實世俗文化也會反過來對神聖的崇拜作出負面的影響，這就是崇拜世俗化的問題。接下來，筆者會首先借助波茲曼（Neil Postman）、克拉普和唐慕華（Marva J. Dawn）的觀點，以討論崇拜世俗化的問題，然後再闡釋崇拜如何對世俗文化的批判（甚或顛覆）作出積極的貢獻。

二 兩個極端——崇拜逃離文化抑或崇拜世俗化？

未知是否由於對「分別為聖」這觀念的曲解，又或屬靈屬世二元論的作祟，在一般人的心目中，總覺得崇拜是屬靈的事，世俗文化是屬世的事，基督徒在星期日回到教會敬拜上帝，乃跟其平日的工作、娛樂、政治、商業的生活各不相干，甚至以為彼此衝突。亦有人可能認為崇拜猶如退隱修道，是一種「逃離」日常生活的手段，信徒在主日躲在教會圍牆之內，就好像從俗世社會中分別出來，不問人間世事（尤其不講政治），他們只會尋求屬靈的宗教經驗，讓靈魂親近上帝，僅以祈禱唱詩聽道領聖餐之聖事為念。克拉普固然反對這種看法，他堅稱：「基督教的崇拜向來都不是遠離『真實的生活』。」[4]

另一個極端，卻是拋棄了「分別為聖」的觀念（其實同樣是基於對這觀念的曲解），[5] 讓教會的崇拜過度地跟世俗文化認同，並模糊了兩者之間本應存在的界線，淡化了雙方原本應有的差異和各自的獨特性。美其名讓教會進入世界，不與時代脱節，實際上教會卻可能已經失守，在不知不覺間已被世俗文化的意識形態入侵，教會和崇拜的世俗化似乎已成大勢所趨。

有趣的是，香港不少教會的崇拜生活，其實同時包含了上述兩種極端，即在崇拜的內容上傾向逃離文化，但在形式上卻顯得非常世俗化。結果，屬靈屬世二分的信仰內容，經過那迎合大眾口味的世俗文化的美化和包裝後，便能吸引和說服更多人去接受和相信。

三 崇拜世俗化

其實崇拜世俗化可以透過多種形式出現，由於篇幅所限，本文只集中討論「崇拜的娛樂化」和「世俗的偶像崇拜文化入侵教會的崇拜」兩種。

1. 崇拜的娛樂化

A. 由印刷文字轉到娛樂至死的文化精神

波茲曼在《娛樂至死》(*Amusing Ourselves to Death*)的前言中指出，歐威爾(George Orwell)在其《一九八四》(*Nineteen Eighty-Four*)中所預言的，即人類面對獨裁統治政治的恐怖，原來及不上赫胥黎(Aldous Leonard Huxley)在《美麗新世界》(*Brave New World*)的預言那麼嚴重。雖然歐威爾害怕的是那些明目張膽強行禁書的獨裁者，但赫胥黎擔心的卻是失去任何禁書的理由，原因是已經再沒有人喜歡讀書，再沒有人渴求知識和真理，因為自由和真理已經被掩沒和毀於人們自身所沉溺的無聊煩瑣的娛樂之中。[6] 波茲曼認為最主要的原因，是由於我們的社會，已經從注重文字的印刷時代，逐漸過渡到以電視、電腦主導的影像文化的年代。

波茲曼贊成麥克盧漢(Marshall McLuhan)的名言:「媒體就是信息」，不同的媒體在決定我們的知識論上充當重要的角色。他又形容印刷機統治美國人的思想的時期為「闡釋年代」，這年代的特徵是:「富有邏輯的複雜思想，高度的理性和秩序，對於自相矛盾的憎惡，超常的冷靜和客觀以及等待受眾反應的耐心。」[7] 因此，注重文字的印刷時代，較能塑造我們重視理性、喜歡思考、主動求知的性格和能力。

然而，當社會一旦落入影像文化主導的時代裏，「闡釋年代」便成為明日黃花，代之而起的，波茲曼稱為「娛樂業時代」。他指出以電視為代表的影像文化的思維方式，跟印刷文字的思維方式是格格不入的。電視關心的是如何在轉瞬即逝的圖像中為觀眾留下感官印象，而不是為觀眾留下可供深入思考的理論和觀點。影像媒體傳遞的主要是娛樂的信息，使「無聊的東西在我們的眼裏充滿了意義，語無倫次變得合情合理。」[8]

不過，「我們的問題不在於電視為我們展示具有娛樂性的內容，而在於所有的內容都以娛樂的方式表現出來。」[9] 事實上，我們現在已經不知不覺活在一個強調感官享樂和娛樂至死的社會裏。波茲曼預言世界上將會有不少現代城市會成為拉斯維加斯（Las Vegas）的翻版：

> 這是一個娛樂之城，在這裏，一切公眾話語都日漸以娛樂的方式出現，並成為一種文化精神。我們的政治、宗教、新聞、體育、教育和商業都心甘情願地成為娛樂的附庸，毫無怨言，甚至無聲無息，其結果是我們成了一個娛樂至死的物種。[10]

今天，更大的問題是讓娛樂成為生活的一切形式。高舉感官刺激和娛樂至上的文化，也許已經充斥於社會每一角落，無論政治、新聞、體育、教育和宗教，一律都心甘情願地成為娛樂的附庸，一切公眾話語都日漸以娛樂的方式出現。今天的政客，最重要的不是能夠發表長篇大論、充滿理性和智慧的政治演說，而是懂得包裝形象、政治化妝、精於表演政治秀；由中學老師至大學教授，授課時必須要盡量淺白，還需要加插笑話；牧師也要將講道和佈道變成「棟篤笑」。環顧今日各大小電視台的新聞主播，似乎最重要的條件就是必須擁有一張「可愛」、「合觀眾眼緣」的「悅目」面容，因為這樣才能提高主播的受歡迎程度，才能保證新聞節目的收視率。也許「不扮高深，只求寫真；不避庸俗，最怕嚴肅」已成為今天新聞製作的主流意識，同樣，我們的問題也不在於電視有娛樂新聞，卻在於所有的新聞都以娛樂的方式表現出來，最終變得所有新聞都愈來愈娛樂化。正如波茲曼預言：知識和真理逐漸容易被掩沒和毀於人們自身所沉溺的無聊煩瑣的娛樂之中，而我們也最終成了一個娛樂至死的物種。

已經有不少人指出，教會世俗化已是大勢所趨。教會內愈來愈少信徒喜愛閱讀，這已經是不容否認的事實。絕大部分信徒關心最新最潮的電子影音產品和娛樂消費，多於關心神學思想。真理似乎真的逐漸被掩沒和毀於我們自身所沉溺的過度娛樂的文化之中。在娛樂至上、甚至娛樂至死的文化裏，也許教會崇拜的娛樂化和世俗化也是在所難免！

B. 娛樂至死的崇拜

在香港，已有多間電視台播放宗教節目，這些節目有佈道性質的、有宗教旅遊的、也有電視崇拜，也許不少基督徒會對這種現象鼓掌歡迎，以為福音可以透過電視這類大眾傳媒堂堂正正進入公共空間，對社會發揮更大的影響力。然而，波茲曼警告我們：

> 在電視上，宗教和其他任何東西一樣，被明白無誤地表現為一種娛樂形式。在這裏，宗教不再是具有歷史感的深刻而神聖的人類活動，沒有儀式、沒有教義、沒有傳統、沒有神學，更重要的是，沒有精神的超脱。在這些節目中，傳教士是頭號人物，上帝只能充當配角。[11]

波茲曼所質疑的是，電視這種專為娛樂事業服務的媒體，已經使到宗教不但被世俗化，甚至無可避免已令宗教的內容變了質。

就以崇拜為例，教會作為崇拜的空間，跟家居（透過上網或電視轉播）作為崇拜的空間就有著很大的差異。教會這個讓崇拜禮儀進行的空間，本應是充滿宗教的氣氛——肅靜、莊嚴、神聖，甚至配有宗教藝術的裝飾設計和佈置，目的是讓崇拜者感受到，教會應該就是那一從世俗空間被分別出來、讓人能專心敬拜上帝的神聖空間。固然，為了配合在這神聖空間內進行的崇拜活動，敬拜者被要求遵守某些行為和儀式的規範，這絕對是合理的，例如在崇拜進行期間，不應隨意走動、飲食、閒聊、上網等。

然而，我們一般不會將家居空間佈置成像教會般的神聖空間，在家中透過上網或電視轉播來參與崇拜時，我們不自覺地也會好像收看其他電視節目一樣，即可能一面崇拜，一面拿著電視遙控器隨意轉台、走動、飲食、閒聊。何況在宗教節目的前後和中段，必定不斷播放各類娛樂消費的廣告和節目宣傳，這類大眾傳播的電子空間，其在本質上已經跟世俗文化不能分割，因此要將電視屏幕改造成分別為聖的神聖空間，這基本上是非常困難的。

那些習慣了上網或在電視收看崇拜節目的觀眾，甚至可能逐漸期待在同一時段內，不同電視台可以提供不同風格、不同口味的宗教崇拜節目，好讓他們有更多的選擇。果真如此，電視宗教節目負責人接著要關心的問題，自然就是收視率的問題，為了迎合觀眾的口味，他們只好提供市場想要的東西，如此，電視宗教節目所傳講的，可能只是人想聽的「人話」，而不是在分別為聖的教會空間中所宣講的上帝的道了。

其實，上述這種電視崇拜的娛樂化現象，在真實教會的崇拜生活中同樣已經陸續出現。當帶領敬拜的事奉者變成充滿明星般迷人魅力的歌星演員，當講台淪為講員表演的舞台，當教堂變成具備高質素影音器材和豪華裝修的表演場地的時候，崇拜就容易變成一場娛人的表演，敬拜者就成為一羣購票入場、為要滿足感官享受和尋找開心快樂的觀眾。於是他們不能再忍受冗長、沉悶和深奧難明的講道，也容易對那些較難琅琅上口的所謂傳統聖詩心存抗拒。

如此下去，恐怕崇拜終於只變成一種娛樂形式，目的只在吸引觀眾或聽眾的注意、引起他們的興趣、設法逗他們發笑、務求使他們感覺良好；而並非為了塑造敬拜者的靈性品格、讓敬拜者的心靈專注上帝、將感恩和讚美獻上並歸榮耀於祂。甚至當崇拜娛樂化和世俗化到一個地步，以致我們竟然不能過於苛責那些把崇拜形式作出如此定位的人，若然如此，則那充滿笑聲或情緒最高漲的時刻，恐怕可能卻是最悲哀和令人最感慨的時候了！於是，波茲曼不得不警告我們：「真正的危險不在於宗教已經成為電視節目的內容，而在於電視節目可能會成為宗教的內容。」[12]

2. 世俗的偶像崇拜文化入侵教會的崇拜

儘管上帝嚴禁雕刻和跪拜偶像（出二十 3～5），並對犯此誡命者留下嚴厲的警告（申八 19）；然而，現今世俗社會偶像崇拜文化的影響力已無孔不入，教會似乎亦不能倖免，甚至不少信徒仍未察覺已被自己製造的偶像俘虜。唐慕華在《非凡的敬拜》（*Reaching Out without Dumbing Down: A Theology of Worship for the Turn-of-the-Century Culture*）一書中，正大力批判這種教會崇拜世俗化的現象。

A. 對效率的偶像崇拜

以祿（Jacques Ellul）在其著作《科技的假象》（*The Technological Bluff*）中，批評科技已經使我們相信它就是現代社會「執政和掌權」的假神，是現代人事奉敬拜的偶像。唐慕華則指出，科技社會又必然導致我們對速度和效率的偶像崇拜，最終我們只會不斷跟時間競賽，只會不斷加快我們的生活節奏。

然而，一旦這種膜拜效率的文化滲入教會，就會嚴重影響教會的崇拜生活。我們可能會愈來愈擔心，那些看重效率的會眾不能忍受冗長的敬拜時間，於是便逐漸接受連崇拜也要講求效率，務求簡化崇拜的程序，甚至取消或簡化「不必要」的崇拜禮儀，縮短講道的時間，傾向選擇節奏較輕快的詩歌，亦沒有安排充裕的時間，讓崇拜者安靜等候上帝的臨在。[13] 甚至可能連傳道人也逐漸相信，在時間不足且眾多事務纏身的工作壓力底下，花太多時間在祈禱、預備崇拜的程序和講章的事奉乃是「不夠效率」的表現。

B. 對金錢的偶像崇拜

我們經常有一種觀念，以為金錢是中性的，而只在乎使用者是否善用。然而，若果金錢只是中性的工具，耶穌為何竟然將它提升到可以跟上帝比較的地位，然後斬釘截鐵地提醒我們不可能兩者兼得（參太六24）？

由此可見，耶穌似乎在暗示，金錢並非如我們想像般是中性的那麼簡單。正如傅士德（Richard Foster）在解釋這段經文時所言：

> 金錢就是其中一種權力……它成為一個敵擋神的神

> 明……金錢並不是一種不具人格的交易媒介；金錢也不是一種在道德上屬於中性的東西，更不是一種資源，任憑我們使用於有益或有害的事情上。瑪門其實是一種尋找機會來支配我們的權力。[14]

尤其在資本主義的消費社會裏，當一切都可以被商品化的時候，金錢隨時可以成為我們委身事奉和崇拜的神明。

若果明白以上的道理，也許就能夠體會唐慕華所描述的一種教會崇拜現象的意思了：

> 與瑪門的力量緊密相連的問題是：很多堂區在收入減少時，都試圖朝錯誤的方向消除赤字。他們努力令崇拜變得「富吸引力」和「受歡迎」，以便吸引未得救的公眾來到教會……大部分嘗試吸引新會友的運動都強調配合大眾的口味，強調音樂應該與外面世界的音樂相似，講道應該針對參加崇拜的人「感到的需要」（felt needs）。[15]

當崇拜也被金錢俘虜而成為一件可供消費的商品時，我們就明白耶穌的警告是多麼的實在和一針見血了。

C. 對傳統主義的偶像崇拜

相對於以迎合會眾「感到的需要」和潮流口味為依歸的消費式崇拜，唐慕華指出，另一種極端卻是對傳統主義的偶像崇拜，「這種偶像崇拜令我們一切都跟從以往的做法，令崇拜變得沉悶和陳腐」。[16]

D. 對「二手主觀主義」及對「名人」的偶像崇拜

上文已分析過電子媒介如何帶來生活的全面娛樂化，而當現代人愈來愈找不到具體的人生意義，愈來愈感到生活空虛和沉悶無聊的時候，那鼓吹物質主義、且能娛樂他們、滿足他們感官刺激的電子媒體，自然對他們具有更大的吸引力。然而，唐慕華卻擔心，這種文化會塑造不少現代人只愛過著一種「二手」的生活，她引述了霍斯曼（Joey Horstman）如下的分析：

> 現代科技和媒體已經證實是我們閒暇時間的軟性毒品。它們將美國變成一個旁觀者的國家，更熱中於觀看生活，而不是參與其中……或許始終都是布爾迪厄（Jean Baudrillard）比較接近事實。他形容我們這個時代為模擬的時代……結果將人工的東西誤以為真實。也就是說，我們生存在一個巨大的文化避孕套裏面。[17]

強調視覺（觀看）的電子媒體文化，逐漸塑造我們成為生活的旁觀者，當回到教會崇拜上帝時，我們依然以一個旁觀者的心態存在，即旁觀整個崇拜的演出——旁觀聖禮、旁聽講道、旁觀和旁聽詩班的唱詩。若看見崇拜的「演出」不夠專業，就只會諸多批評，卻缺乏親身參與和委身。這種只從旁觀而得的經驗，豈能不是一種「二手」的信仰生活？

信徒對「名人」的偶像崇拜，其實跟對「二手主觀主義」的崇拜同出一轍。近年香港的教會，亦愈來愈喜歡邀請名氣大的講員、政界人物、明星歌星在崇拜或其他聚會中站台講道或分享生命經歷，而信徒又多會慕名而來，追捧名人，以這些名人的二手信仰內容和經驗，代替自己與上帝建立的直接關係，甚至以此來餵養自己的屬靈生命。不過，按拉施（Christopher Lash）的分析，這種追捧名人的偶像崇拜所帶來的最大問題，就是助長了一種自我投射的自戀式文化。[18]

E. 對競爭、數字和成功的偶像崇拜

資本主義社會就是一個強調競爭、效率和成就取向（achievement-oriented）的社會。由於強調競爭，而競爭的目標當然就是要取勝、要成功，於是自然重視效率，而效率正是意味著以最少時間生產最大數量的產品為目標。因此，競爭、成功和數字必然存在密切的關係。這種情況在教會內同樣出現，在追求教會增長的大前提下，當教會仍不斷以堂會數目和崇拜人數的增長作為成功與否的指標時，教會其實已陷入一種崇拜數字的迷思之中。

F. 對權力的偶像崇拜

雖然聖經已留下了耶穌對爭權的門徒非常適切的教導（參太二十 17～28），但權力慾畢竟是人性的一部分，因此歷世歷代的教會信徒，仍擺脱不了對權力的迷戀及其於權力之間的比拼爭鬥。就以崇拜為例，唐慕華指出，不少教會在崇拜風格和形式上的爭辯與分歧，歸根究柢可能都是源於對權力的偶像崇拜。她說：「『傳統主義者』和主張『現代』風格的人之間的戰爭，往往變成隱晦的權力鬥爭，而不是在羣體中對話，讓彼此在聖言和音樂中找到的新舊財寶融合起來。」[19]

四 崇拜對教會世俗化的顛覆

儘管已有學者對現代社會「娛樂至上」和「偶像崇拜」的文化現象作出了一些批判，但很多時候，不少人仍會以為由大眾文化（mass culture）所模造的生活方式，才是現實世界的常態，這些我們潛而默化地接受了的慣常觀念，更可能已經變成我們認同的價值觀，成為指導我們生活的規範。

克拉普在《非凡的凡民》（*A Peculiar People: The Church as Culture in a Post-Christian Society*）中，主張教會必須要成為敬拜的羣體。正是透過崇拜，幫助我們從世俗大眾文化的常態和慣常觀念中解放出來。他說：

> 基督徒的崇拜是一種學習看穿慣有觀念的操練。在約翰當時的世界裏，人們所持的慣有觀念就是：羅馬是無懈可擊的，羅馬的主就是全地的主。然而教會卻藉著它的禮儀，叫自己回想一位截然不同、真真正正的主。而我們較後期的基督徒，也是在崇拜之中學習觀看世界的本來真實面貌：以色列神的奇妙創造。[20]

如果文化就是人類的生活方式，克拉普要表明的是，教會是一個被上帝呼召從世界的文化中分別出來，歸耶和華為聖的羣體。換言之，這等於承認教會乃是一種分別出來的另類文化或另類生活方式，教會就是一個隨時準備顛覆固有的世俗文化和實踐另類文化的文化實體。由此可見，教會不應該終日埋首於考慮如何迎合世俗文化的口味，只花心思去提供消費市場想要的東西。當然這並不等於說，從世界的文化中被分別出來的教會，就應該逃離世界，或與世隔絕，不參與任何文化和政治活動，以為教會必須非政治化。相反，克拉普認為，教會更應該要進入世界，借用尤達（John Howard Yoder）的講法，教會甚至要被「耶穌的政治」政治化。我們要以聖經和教會羣體所宣講的故事的語言和語法，以及崇拜中的聖道和聖禮，去顛覆、改變和塑造世界的文化，且讓崇拜去顛覆（或看穿）教會世俗化的慣常觀念，並從中學習如何能夠觀看世界的本來真實面貌。

就以上面的引文為例，初期教會的基督徒，就是忠於自己的信仰，惟獨敬拜獨一的上帝，藉此去顛覆當時對羅馬政府的君主和假神的偶像崇拜的文化。克拉普聲稱，上帝就是要呼召基督徒成為「聖潔的瘋子」，[21] 縱然在強勢的世俗大眾文化的常態和慣常觀念中感到勢孤力弱，甚至被人視為瘋狂，仍要堅持發出具顛覆性的異類聲音。而克拉普強調：「如要讓基督徒培養聖潔的瘋狂，最佳的時間地點就是崇拜。」[22] 因為他相信崇拜具有塑造信徒品格的倫理效果：「基督徒藉著聆聽牧者傳講神的故事，也透過讚美的操練、學習和練習何謂作基督徒。」[23]

五 崇拜中聖道和聖禮對世俗文化的顛覆性

加爾文（John Calvin）曾說：「無論在哪裏，我們若發現神的道，被人純正地宣講，聽到，而且聖禮也按照基督的吩咐施行，毫無疑問，那裏就有了上帝的教會。」[24] 換言之，崇拜中的宣講聖道和施行聖禮，就是教會存在最大的意義和目的。即是說，惟有上帝的道，才是讓教會成為真正的教會（Let church be true church）的必要條件。由此明白，克拉普為何主張教會必須成為敬拜的羣體了，亦正是透過這敬拜羣體的宣講聖道和施行聖禮，使分別為聖的教會能夠履行其任務，那就是顛覆那些扭曲了的世俗文化的任務。

1. 宣講聖道對世俗文化的顛覆性

維根斯坦（Ludwig Wittgenstein）曾說：「世界是我的世界，這一點顯示於語言（惟有我懂得的語言）的界限即意謂我的世界的界限。」[25] 意思是，文化世界的語言，會塑造我們如何觀看和認識這個世界，並決定了我們對世界認識的限度。若是如此，則上文提到電子媒體的圖像語言，其所塑造我們的，就是重感官、輕理性和娛樂至上的世俗文化觀和世界觀，以致對世界的認識，也只能流於膚淺和表面。但克拉普強調：「由於不同的文化教導我們不同的語言和語法，因而我們會以不同的方式觀看世界。因此，教會既是一種文化，所教導的語言和語法也會令基督徒以獨特的方式——也即是基督教的方式——來觀看世界。」[26] 換言之，當教會宣講聖道和真理時，它就是試圖運用聖經的語言和神學的語法，來塑造基督徒以另類的方式來觀看世界，或者說，即是以上帝的話來批判和顛覆世俗文化的語言。例如，以道成肉身和十架受難這套神學語言，來顛覆娛樂至上那套世俗文化的論述。

上文亦提過，波茲曼本來將娛樂至死的文化歸咎於印刷或書寫文字的沒落。但克拉普卻有另類的觀點，他反而認為「印刷術的發明是導致隱退和靈性私有化的主要因素」。[27] 因為當文字被書寫留下來之後，人就可以單獨自行閱讀文字，心靈上可以自給自足。所以印刷文化有可能造成靈性的私有化，人們只為自己而活，甚至信仰生活也不能例外，克拉普將這種靈性私有化描述為「諾斯底消費主義」：「神變成了『滿足我感覺層面需要的存在者』(He who meets my felt needs)。這位神只能藉著祂的產品為人所認識，祂存在與否，純粹取決於祂能否滿足我們的欲望。」[28] 克拉普卻認為，可以從語言的社羣性去顛覆這種「諾斯底消費主義」帶來的危機。

克拉普主張，語言無可避免一定透過某個文化羣體才能被塑造出來，因此語言應該帶有社羣的向度，而口頭語言正有這種特性，他引述昂基(Walter J. Ong)的話說：「口頭溝通將人聯合成為羣體。」[29] 事實上，三一上帝亦不以書寫的文字、而是用口頭說話來創造世界，聖子也沒有直接留下任何書寫文字的著作，三一上帝只透過口頭的語言和行動來向以色列和教會羣體宣講其真理。故此，教會明顯就是由上帝的話所建立而成的話語的羣體。一方面，教會作為一個羣體，其社羣性對娛樂至死和偶像崇拜這些世俗文化所高舉的自我中心和個人主義，恰好是最有力的批判和顛覆；另一方面，當教會作為一個話語的羣體，對口頭語言的強調，就意味著同時也是對聆聽的強調，於是教會不但是話語的羣體，也是聆聽上帝的話的羣體。在一個高舉視覺文化的娛樂至上的社會裏，教會重新重視聽覺的文化，豈不也是對視覺文化的一種平衡，甚至是衝擊嗎？如果娛樂至死的文化塑造我們的是急躁和容易分心的性格，重視宣講聖道的教會文化，其所塑造我們的則是忍耐和專注的屬靈品格。

2. 施行聖禮對世俗文化的顛覆性

克拉普有一段說話，頗能帶出教會禮儀所具備政治文化上的顛覆性，他如此說：「教會是一個 *polis*(城邦)，一個政治羣體，在世界中宣揚和支持一種與別不同的生活方式，而禮儀是一種政治行動。」[30] 就以聖餐為例，它正是一種與別不同的飲食文化和進食方式，具有至少四種顛覆娛樂至上和偶像崇拜這類世俗文化的功能。

A. 聖餐的社羣性——對個體主義的顛覆

聖餐的飲食必然在教會崇拜中進行，這羔羊的筵席必定是一種羣體活動，尤其在擘餅這禮儀性的行動中，表明所有領聖餐的信徒都是同屬一個身體的肢體，在基督裏合而為一，大家擁有共同的信仰，一主、一信、一洗、一上帝，同有一個指望（參弗四 4～6）。而且將餅擘開，分給各人一同享用，更有給予別人、與人分享的象徵意義。這種聖餐的社羣性，正能塑造信徒成為關係的存有，以致能夠顛覆世俗文化中（如偶像崇拜和娛樂至上文化）所呈現的自我中心和個體主義精神。

B. 聖餐美學對影像文化的顛覆

以物質作為媒介的聖餐（聖禮）是可見的道（the visible Word），用馬丁．路德（Martin Luther）的講法，聖餐表徵著「以有限盛載無限」的神學意義，扭轉了柏拉圖式貶抑物質價值的二元思考，讓信徒藉著祝聖了的聖餐餅和酒，經歷基督或基督透過聖靈的臨在，並體會那超越無限的上帝，竟然藉著被造的物質進入有限的世界，與人同在，並讓人藉這可見的道，以視覺經驗來認識三一上帝和祂的旨意。

基進正統主義（radical orthodoxy）更進一步從聖餐（聖禮）觀談到基督教美學的問題。他們以崇拜禮儀和聖禮的角度，來重新理解上帝的創造秩序和上帝的美（the beauty of God），目的是要建構一套有別於柏拉圖式的本體論和基督教美學。如果「這是我的身體」這句話，被理解為聖餐就是基督本體性

(ontologically)的「真實臨在」(real presence),基進正統主義就認為可以藉此重新思考被造世界的物質性,即重新思考其美學和知識論上的價值。他們認為可以將整個被造世界看為一個聖禮(sacrament),固然要再加上建基於下述的三個神學主題:上帝看被造的物質世界是好的;道成肉身的基督論和基督帶著復活的肉身進入永恒的教義,於是一個聖禮化和禮儀化的物質世界,就能夠彰顯上帝的美和充滿美感的創造秩序。故此,無論是聖餐中所用的物質或是作為聖禮的世界中的文化藝術,都可能成為指向上帝的美麗圖像(icon)。原來基督徒不用否定形象或影像(images),事實上,「愛子是那不能看見之上帝的像」(西一15)。由此更可說明,基督徒的知識論不應只規限在理性的領域之內,而應該包含視覺感性和想像的領域,基督徒大可以透過影像或圖像去認識真理。當然,那些影像不能是背棄或扭曲實在(reality)的影像,因為一旦脫離了真實根源的影像(如虛擬真實的影像),即那些背棄了真實的被造世界,以及以自己取代創造和救贖主的影像文化,就只能淪為虛假的偶像(idols)而已。[31] 基督徒不但必須曉得分辨,甚至更應該以上述的基督教美學,來批判和顛覆這類扭曲了的影像文化。

C. 聖餐向我們揭示基督是主——對偶像崇拜的顛覆

聖餐乃是重演或重現聖父透過聖靈藉著聖子所成就的十架事件,於是在主餐裏面,我們一方面能夠具體地經驗三一上帝的愛與恩典,進一步認識上帝的身分,認識祂就是那位創造和救贖我們生命的主,認定基督是主,惟有這位贖回我們生命的主,才擁有掌管我們生命的主權;另一方面,同時亦能再次辨識自己只不過是被造物和罪人的身分,上帝在天上,人與上帝有天淵之別，我們只能屈身敬拜那創天造地的上帝，卻永遠不能亦不應把自己塑造成偶像，代替上主而被人膜拜。由此可見，聖餐對偶像崇拜的文化具有顛覆的作用。

D. 聖餐重演基督事件——對偶像崇拜的顛覆

如果偶像崇拜的文化，把我們塑造成只愛追捧名人，只愛擁有「二手」宗教經驗，或者僅抱著消費主義的心態，將耶穌基督用重價買贖的救恩視為廉價的恩典，卻缺乏親自參與和委身的旁觀者，則上帝就會藉著聖餐的禮儀，再三呼召我們在領受恩典之後，就應要作出恩典的回應，背起十字架跟隨主，如保羅所說：「將身體獻上，當作活祭，是聖潔的，是上帝所喜悅的；你們如此事奉乃是理所當然的。」（羅十二1）正如克拉普所言，我們要成為主的門徒，效法基督，「教會不是要應用（apply）聖經，而是演活（perform）聖經」。[32] 如此說來，聖餐就是提示我們要演活聖經，從而顛覆只愛慕成為宗教旁觀者的偶像崇拜的文化。

六 結語

誠然，教會並非離世而獨立，現實上教會的文化不可能不受世俗文化的影響，甚至教會也不可能不借助一套世俗文化的語言來表述自身的信仰。然而，我們亦不應忘記或否定，教會作為一個另類社羣，同時也擁有自己一套另類的文化語言，而這套有別於世俗文化的另類語言，乃是由上帝的故事和教會傳統（包括崇拜傳統）的故事所塑造而成的，以致教會可以透過踐行自己的文化（或生活方式），以回應或甚至批判世俗的文化（或生活方式）。

最後，借用畢德生（Eugene Peterson）和唐慕華的一段說話來結束：「牧職源自神在耶穌基督裏的啟示，也由這啟示模塑。牧職在世界的文化中進行，但卻不是衍生自這文化。牧職與世界緊密相連，但卻不是由世界決定。」[33]

註釋：

1. 皮珀（Josef Pieper）：《閑暇：文化的基礎》，劉森堯譯（北京：新星，2005），頁 65。
2. 克拉普（Rodney Clapp）：《非凡的凡民 —— 教會在後基督教世界的文化身分》，陳永財譯（香港：香港基督徒學生福音團契，2010），頁 99。
3. 克拉普：《非凡的凡民》，頁 99。
4. 克拉普：《非凡的凡民》，頁 100。
5. 若想對「分別為聖」這觀念有一較正確的瞭解，可參考韋伯斯特（John Webster）：《聖潔神學》，陳永財譯（香港：基道，2006）。
6. 波茲曼（Neil Postman）：《娛樂至死》，章艷譯（桂林：廣西師範大學，2004），頁 1 ～ 2。
7. 波茲曼：《娛樂至死》，頁 84。
8. 波茲曼：《娛樂至死》，頁 106。
9. 波茲曼：《娛樂至死》，頁 114。
10. 波茲曼：《娛樂至死》，頁 4。
11. 波茲曼：《娛樂至死》，頁 152。
12. 波茲曼：《娛樂至死》，頁 162。
13. 參唐慕華（Marva J. Dawn）：《非凡的敬拜—重尋敬拜與佈道的意義》，陳永財譯（香港：香港學生福音團契，2007），頁 52 ～ 55。
14. 傅士德（Richard Foster）：《基督徒看錢、性與權勢》，周天和等譯（香港：基道，2001），頁 9 ～ 10。
15. 唐慕華：《非凡的敬拜》，頁 57。
16. 唐慕華：《非凡的敬拜》，頁 59。
17. Joey Earl Horstman, "Channel Too: The Postmodern Yawn"；引自唐慕華：《非凡的敬拜》，頁 61 ～ 62。

18. Christopher Lash, *The Culture of Narcissism*；引自唐慕華：《非凡的敬拜》，頁 64。
19. 唐慕華：《非凡的敬拜》，頁 66。
20. 克拉普：《非凡的凡民》，頁 101。
21. 克拉普：《非凡的凡民》，頁 104。
22. 克拉普：《非凡的凡民》，頁 104。
23. 克拉普：《非凡的凡民》，頁 104 ~ 105。
24. 加爾文（John Calvin）：《基督教要義（下冊）》，謝秉德譯（香港：基督教文藝，1992），頁 14。
25. 維根斯坦（Ludwig Wittgenstein）：《名理論（邏輯哲學論）》，張申府譯（北京：北京大學，1988），頁 71。
26. 克拉普：《非凡的凡民》，頁 109。
27. 克拉普：《非凡的凡民》，頁 136。
28. 克拉普：《非凡的凡民》，頁 33。
29. Walter J. Ong, *Orality and Literacy: The Technologizing of the Word* (London: Routledge, 1982)；引自克拉普：《非凡的凡民》，頁 145。
30. 克拉普：《非凡的凡民》，頁 135。
31. 參 James K. A. Smith, *Introducing Radical Orthodoxy: Mapping a Post-secular Theology* (Grand Rapids, MI: Baker Academic, 2004), 223 ~ 229。
32. 克拉普：《非凡的凡民》，頁 150。
33. 畢德生（Eugene Peterson）、唐慕華：《顛覆文化的牧養之道》（香港：天道，2006），頁 6。

聖經中的敬拜

4

西奈啟示的敬拜觀——體現、維持和修復創造設計

張慧玲

一 引言

舊約聖經敬拜的中心是會幕或聖殿、祭禮系統和祭司制度，詳細記載其設立和運作的經文，佔五經中過半數的篇幅。敬拜的制度由上帝直接指示，按照祂要求的方式進行，是上帝主動邀請人與祂親近。上帝的說話造成一切，這正是舊約其中一個貫穿全書的信息。上帝向祂所造的人說話，人會順從嗎？這就成為舊約聖經述說下去的故事。猶太人希伯來聖經的編排次序，[1] 分為三大部分——訓誨（五經）、先知的書（書、士、撒、王、賽、耶、結、小先知十二卷）和聖卷（詩、箴、伯、歌、得、哀、傳、斯、但、拉—尼、代），這三大部分都環繞上帝的話語而發展。

五經是舊約信息的根本，也是一切敬拜的開端，由於五經內的西奈段落（出十九章至民十章）佔中心的位置，因此本

文也聚焦於這段落的敬拜觀，並著重探討敬拜與上帝用說話創造天地的關係。本文研讀五經已完成的本文，而不會探究其形成歷程或社會狀態。五經是古希伯來敘事詩歌，是修辭豐富的文學，因此本文專注於其用字和修辭所展示的信息。巴倫坦（Samuel E. Balentine）對五經的敬拜與創造的經文有深入的修辭和神學分析，並提出訓誨的視像（vision）是「你要成為祭司的國度，聖潔的國家」，本文主要採納了他的研究心得。[2]

二 敬拜與創造和立約

1. 創造的表述

創世記一章1節至二章3節，以詩歌展現世界被上帝所造、被整齊地舖排，且是有意義的設計。創造以七的模式表述，[3] 並且用一週為一整體。創造的最高潮是在第七日，標誌著上帝在天上的創作與上帝期望人在地上創作相交接，預備人與上帝共同創作。第七日是以後安息日敬拜之原初根基，這樣，敬拜將上帝與人連結得完美和諧。作為舊約聖經的開端，創世的表述帶出三個重要的神學和信息：（1）慶賀秩序過於來源；（2）慶賀分別界限，而非疏離；（3）第七日的始與終，以及人神互動。

A.慶賀秩序過於來源

兩段創造記述，都肯定了整個宇宙和萬物乃是由上帝所創造，然而當中並不關心來源的細節，例如時間的計算，反而著墨於上帝創造的秩序與和諧。對秩序的關注，顯露於以下幾方面。首先，創造的過程以七為分類結構，強調「七」的中心意念，就是對稱和完美。有七段描述上帝的創作行動（創一

3～5、6～8、9～13、14～19、20～23、24～31，二1～4上），重複公式語「要有」來進行創造（一3、9、11、14、20、24），每一段都重複一個次序：先有「上帝說」和命令的直述，接著事就成了，然後是上帝的評價，最後以描述時間作結語：「上帝看著是好的」（4、10、12、18、21、25節）和「都甚好」（31節）。上帝創造一天比一天擴展，逐漸推進，到第六天是高峯，最詳細地描述。創造的最高點是第七天，與以前的六天分開，成為聖休息日，慶祝天地萬物完成了。

這七天模式，包涵一種內在對稱和層級次序，進一步強調上帝創造的設計和完美。頭三天與尾三天平衡，頭三天上帝造出創造秩序的基本分隔：第一天是將光從黑暗分開；第二天將空氣以下的水從空氣以上的水分開；第三天將旱地從天下的水分開。尾三天上帝召喚出相應的活物棲身於相應的創造次序：第四天創造天空的光體，加強了光與暗、日與夜的分界；第五天創造水裏的魚和天空的鳥，充滿天和海；第六天創造地上的動物和人類，牠們活動於旱地。創造的對稱層級有垂直向度，由天至地，再到人，顯明上帝與天、地和人的關係。

B. 慶賀分別界限，而非疏離

創世的表述重點不在六日的創造過程，乃在於上帝掌權，祂將空虛、混沌、淵面和黑暗扭轉，以「充滿」取代「空虛」、以「分開和定界限，定秩序」取代「混沌」、以「土地和空氣」分隔「淵面」、以「光和日夜」取代「黑暗」。上帝彰顯祂的主權，管治天地。在第六天，上帝分開男和女，分開工作的六天和第七天。神聖的另一意思是分開。可見上帝要宇宙維持一定的分界，好讓祂的創造秩序得以持續下去，否則，創造便面臨混沌的威脅，甚至會崩潰。

上帝為宇宙定界限，也要創造物與祂合作，上帝與創造物雖分別出來，但上帝與人和宇宙卻有互動創造的關係；就如上帝分開光暗，又創造了天上的光體，上帝有主權管轄它們，而祂同時也命定光體管理晝夜（創一 4、6、18）。上帝給予植物和活物生育，而各類有生命的物，都會按牠們自己的能力繁殖和生育（一 12、22、28）。

人類比其他生物多加了兩個獨特的參與角色，因為上帝給人兩個呼召：第一個要求是作為上帝的形象，要管理地上的資源（創一 26～28）。人受命像上帝一樣行動，既有尊貴的權柄，也有溫柔憐愛，讓所託付的生物充分發展牠們的潛能。人類有使命仿效上帝命名（二 18～23），正如上帝命名日子、天、地和海，決定它們的性情，並且呼喚它們與創造主有和諧的關係。上帝也將命名的創作讓予人類，人類也連帶決定生物與其他活物的關係。

第二個要求是作為僕人，受命要「修理和看守」（創二 15），服事地土。人未被創造前，地缺乏僕人（二 5）。惟有上帝召喚祂的僕人，也惟有僕人承擔使命，地才會獲得最大的收成。可見，當經文涉及人類時，便描繪上帝給予人眾多可能性，讓人類作出創意的決定。人所決定的，上帝就接受。意思是上帝在與人的伙伴關係上，必會不斷給予其新的可能性，且樂於不斷調整自己的設計，直到人能作出最合宜的決定。

總結上文，創世的表述肯定了上帝賦予祂的創造物分門別類，這是內在的分開，但同時是互相依存，而不是疏離的。祂的設計是有層級秩序的，有位分和權力，有自主和聖潔，但同時創世的表述亦有一個視像，就是慶賀上帝與祂的創造連結，創造主渴望與受造物合作，上帝要求天地和其中的萬物按其設計和諧共存。

C. 第七天標誌開始和結束

在上帝創造的有序而又互相依存的世界中，第七天是非常重要的。在上帝的創造性意願和人創作的可能性當中，兩者的重要交接點就是在第七天。這天既是結束，也是開始。第七天不是上帝退出了祂的創造，乃是上帝與創造物之間進入更多的互動交流。上帝做完了創造的工，將地上的創作委托予人代表上帝自己去做，讓人有可能參與上帝的意願，維持上帝看宇宙是甚好的狀態。第七天是人類實現創作的開始。人類的可能性，同時帶來宇宙的脆弱性，可以向最好或向最壞方向發展，這在乎人類的作為。因為人的表現，雖然世界已有一切的界限和分門別類，世界仍有可能退回到混亂狀態。因為，世界仍有光與黑暗、日與夜。上帝的創造是為混沌和黑暗定界限，而沒有消除混沌和黑暗。

創造的表述同時展示了一個脆弱的世界，結果人類將世界帶回混亂，兩個混亂的範例，記載在創世記三至六章，這顛覆了上帝設計的基本關係。首先是小羣體內男與女合而為一的關係，變為互相卸責和轄制（創三 1～24）；然後是大羣體內人類與天體的分界關係崩潰（六 1～4，十一 6～7）。

2. 敬拜與生俱來存在於創造

人的心敗壞，令上帝的心也破碎了（創六 6），世界不再是「甚好」了（六 5～7），「看見人在地上罪惡很大，終日所思想的盡都是惡」（5 節）。上帝重新評估祂對宇宙的設計，祂要施行審判，推翻宇宙的創造，重回原初的混沌。上帝的憂傷同時顯出祂向神人脆弱關係的開放，面對人類帶來最壞的後果。

上帝在洪水毀滅大地之前，只挑選了一個義人和完全人挪亞。挪亞這兩個特質，標誌著他是一位擁有上帝創世所賦予的公義和純潔。挪亞受命建造的方舟，完全依據上帝的具體指示（創六 14～16），正如創世一樣，乃由上帝所命定的。方舟寓意為一個宇宙的縮本，承載新世界的核心成員：挪亞代表新的亞當，與雌雄兩性動物成為新創造的生育者。

方舟旅程開始以先，上帝加上一個宣告：「我卻要與你立約」（創六 18）。「約」（BeRiT）一字首次在聖經出現，其內容延至洪水退去後才在創世記九章詳細交代，這是關乎生育的命令（九 1～7），即重複原初上帝給人類的祝福（一 28），以及重新創造世界的秩序，當中還加上一些更新的規限。上帝七次提及與挪亞和一切活物立約（九 9、11、12、13、15、16、17），[4] 而且是永約（BeRiT‘oLaM；16 節），這標誌著上帝永遠委身於與創造物的關係。這永約非常重要，為以後的世界——亞伯拉罕和西奈之約——提供了一個架構，當中包含三個特點：（1）正當宇宙的設計受到人邪惡和暴力的傷害時，上帝宣布這約；（2）上帝採取所有的主動和責任，無條件和非雙方平等地立約；（3）應許是賜予洪水以後上帝再創造的一切生物。

上帝與人立約的詳細內容是在洪水退去之後，而具體立約則是發生在一個敬拜的行動中，也是挪亞出方舟後的第一個行動。他為上主建造了一個祭壇並獻祭，這是聖經第一次提及築壇。挪亞的敬拜，既有禮儀又是自發的，他獻上潔淨的牲畜為燔祭，向上帝表達謝恩。無言的祭禮卻帶來巨大的效果，上帝早前心裏憂傷，現在卻修復了，上帝的心轉動了，祂改變先前的決定，說：「我不再咒詛……不再毀滅」(參創八21)。上帝不單只是消極的說「不」，還有積極的修復被洪水破壞了的時節和氣候規律，「稼穡、寒暑、冬夏、晝夜就永不停息了」(八22)。

由此可見，一個敬拜的行動，標誌著一個完結和一個新開始，也標誌著上帝的心轉移，由痛苦轉為應許。一個新的世界可以開展，並且迎接上帝對倖存人類的第一句話，就是祝福和差遣。上帝宣布祂持續的意向，祂與創造秩序的關係會永遠保持。這新世界是建立在上帝與宇宙立約(創九8～11)，這約會保護上帝創世的設計，使其在脆弱的世界裏依然有可能實現。因此，在脆弱的世界裏，最適合體現和修復宇宙聖約的行為，就是敬拜。

當宇宙秩序修復後，創世記的視像便轉向修復上帝原初設計的關係世界。相似的情況在創世記十五至十七章發生，因著亞伯拉罕和撒拉在日常生活獻上的祭禮求告主的名(創十二7～8，十三4、18)，上帝與他及其子孫立約，並以祭禮為立約的儀式(十五7～21)。上帝用割禮作為立約的記號，此乃是呼應創造的表述，即新生男嬰經過完整的頭七日的生命循環，在第八日行割禮(十七12)。這樣，亞伯拉罕後代的社羣，在其人生第一個安息日之後行的割禮，表明是以委身於上帝作為生命的開始。

創世原初的安息日，乃是一個聖化的轉接點，人類開始加入上帝不斷的創造。同樣，在亞伯拉罕的社羣內，各人的第一個安息日也是轉接點，這日之後開始一個聖化的禮儀，標誌著人類會依然忠心地作上帝的立約伙伴，持續其創造的工作。正如挪亞標誌著上帝轉向宇宙立約，亞伯拉罕和撒拉也成為一個管道，讓上帝更新祂委身予人類的伙伴關係。

三 西奈啟示——建立祭司的國度，聖潔的國民

上帝不斷看顧和塑造亞伯拉罕的社羣，並興起摩西更新這社羣、更新這永遠的約，將上帝、人類和宇宙連結起來。信仰羣體像原初一樣面對抉擇：「生與死，祝福與咒詛」（申三十 19）。

1. 西奈經文段落是五經的中心

五經的表述以「西奈事件」為中心，記載於出埃及記十九章至民數記十章，當中敍述以色列的憲章，並歸納為建立一個立約的羣體（出十九～二十四章）和建立一個敬拜的羣體（出二十五章～民十章）。當中上帝給予兩個啟示；一個是在西奈發出（出十九～四十章），另一個則是從會幕發出的（利一～二十七章）。西奈的啟示是根基，而會幕發出的教導，則是指示以色列民接續的生活，尤其著重敬拜的生活。

五經以上帝創造世界開始，其中心乃是建立信仰的羣體，而這羣體的使命，就是要活出在會幕發出的指示，並記載於利未記，而利未記則是敬拜之書，指示著羣體的敬拜生活。從這角度看，五經顯然將敬拜視為創造指向的遠象和目的。[5]

2. 西奈記述與創世記一至二章連貫

創世記一至二章和西奈記述之間，無論在用字和主題上都有相連性。西奈記述會幕—聖所和禮儀的建立，這是完滿創造之工。正如上帝的靈運行在淵面之上（創一 3），上帝的靈

也充滿建會幕的工匠(出三十一 3)。上帝完成了創造之工(創二 2),並祝福第七日(二 3),摩西也完成了會幕之工(出四十 33)。會幕設立在羣體的中心,意味著它是內部的團結力量,也指導子民的行程,向複雜的世界進發。約櫃和會幕標誌著以色列民將會安全地穿越危險之旅,進入新境地,並且以敬拜的行動作為旅程的新開始。

正如上帝創造世界的目的,乃是賦予人能力,並差遣人類以上帝的形像,成為君尊的管家和謙卑的僕人,且成為創造的伙伴。同樣,在立約的表述中,上帝將創世的使命具體化,要求以色列民反映上帝的形像,在世上作祭司的國度和聖潔的國民(出十九 6)。這樣,聖約要求以色列人與創造和諧一致。他們授權不是作王,乃是作祭司,作僕人,服事人和地。祭司的國度是以有形的會幕、禮儀、祭司供職彰顯於世上。以下分別討論建設會幕和聖潔的禮儀兩者,如何反映上帝的創造。

三 建設會幕和建設世界

西奈段落以敬拜為核心,除了十誡和約書外,接著出埃及記用了三分一的篇幅共十三章(出二十五~三十一章,三十五~四十章),來詳述會幕的建造。會幕的建造受到創造的形象所承托,[6]而會幕的記述,則與創造的表述在用字上和主題上相連接。

1. 世界的創立和聖所的建立在用字上互相呼應

上帝向摩西傳達指示是始於第七天(出二十四 16)。建造會幕的指示用了七段講話,每一段的開始都有重複公式句:「耶和華曉喻摩西說……」(二十五 1,三十 11、17、22、34,三十一

1、12）第七段是指示的最高點，講論的是安息日的計劃，正如創造記述也有七段說話（創一1～二40），安息是創造的最高點。在出埃及記三十五至四十章，建會幕的開始是關於安息的指示（出三十五2～3）。接著的經文重複提及工程是「照耶和華吩咐摩西的」，這短句尤其緊密地七次出現在出埃及記四十章17至33節。會幕的建設呼應上帝完滿創造的工。[7]「天地萬物都造齊了」（創二1）與「帳幕，就是會幕，一切的工就這樣做完了」（出三十九32）呼應；「到第七日，上帝造物的工已經完畢」（創二2）與「摩西就完了工」（出四十33）呼應；「上帝賜福給第七日」（創二3）則與「摩西……就給他們祝福」（出三十九43）呼應。

2. 連繫著同一個主題

創造的表述肯定了上帝基本的行動是分別和分開，定神聖和世俗界線，而立約羣體在會幕內的敬拜則有類似的行為，就是按上帝的設計與世界作出分別和定立秩序。建設會幕的原則是將神聖的空間劃界，並區別神聖的不同地帶。從營外的公共世界、外院、聖所，最後到至聖所，每一處都要小心區別出來。進入各範圍的人，也有聖品級別之分；非祭司不能入聖所，而只有大祭司才可以進入至聖所。除了聖品的級別外，禮儀用品的材料、手工和顏色也有區分。

會幕的建設讓人回憶起上帝從前在混沌中創造，如今也在罪和背叛的困境中，重新修復創造的原意，因為接著會幕的指示（出二十五31）後，記載了一段金牛事件（三十二～三十四章），上帝與羣體的關係遭受打擊。修補這關係的第一個行動，就是恢復建造會幕（三十五～四十章）。

3. 會幕與方舟

方舟的尺寸描繪，似一間浮動的屋多於一艘船，這象徵一座聖殿承載過客安全靠岸。而會幕則是一種可移動的居所，讓人在旅途中帶著走進迦南地，這象徵一可搬動的西奈，上帝的一所流動家園。因此，方舟和會幕都是聖所，神人在其中走動，在混亂失序的世界中，安全地、有序地走向新的創造。[8]

摩西立會幕是正月初一日（出四十 2），同一日，「正月初一日，地上的水都乾了。挪亞撤去方舟的蓋觀看，便見地面上乾了」（創八 13），這兩件事都代表羣體的初始，即那一天人類被賜予一個機會與上帝開始新的關係。這種創造與會幕的連繫，帶出一個信息，就是建設聖所是一種建設世界的行動。[9] 正如上帝設計宇宙，乃使天地能有序和諧一體，而上帝命令在地建立聖所，為要使神聖和世俗之間的和諧，得以保全、維持和修復。

五 以聖潔禮儀修復秩序

設立會幕後，上帝從會幕發聲，而指示聖約的禮儀，則記載於利未記。利未記特別提及這些吩咐是上帝直接向摩西說的話，類似的說話共有五十六次。在利未記二十七章的經文中，除了首章和結尾章都以這宣告開始外，還有十五章都以這句開始，上帝不單向摩西或部分蒙召的人說，也向全會眾說話。這卷書強調上帝從新建的聖所說話，是地上惟一指定的地方，被上帝同在的榮耀充滿著的（出四十 34～35）。

禮儀不只是一連串的正規動作而已，乃是與上帝溝通的媒介。它讓信仰羣體從中有神學反省，即反省上帝與人和世界的相互關係。禮儀的指示是為了準備上帝的子民在污穢了的迦南地，建設一種聖潔的生活。利未記的第一部分（利一～十六章）記載三種禮儀：[10]（1）奠基性禮儀；（2）維護性禮儀；（3）修復性禮儀；其主要作用是將聖與俗、潔與不潔分開。利未記的第二部分（利十七～二十六章）常被統稱為「聖潔法典」，它呼籲子民將禮儀活現在平日的真實世界，這是一種道德性的聖潔。

1. 奠基性禮儀

利未記八至十章記載按立祭司的起源，這成為祭司職事的永久範式。亞倫和他兒子的就職是在會眾面前，這代表每一個子民都有分參與。按立禮在會幕門口舉行（利八 3～4、31、33、35），門口是普通空間和神聖空間的連接處。祭司需要七天的預備期（八 32～35），他們要住在會幕門口七天。在這通道口進行的儀式，則包括了用水洗身、穿祭司服、用膏抹，以及獻贖罪祭（6～30 節）。

當中最獨特之處，就是奉獻承接聖職之禮的羊（利八 22～29）。這羊的血要抹在祭司的右耳垂、右手大拇指和右腳的大拇指。這做法在聖經內只出現在另一處，那就是利未記十四章 10 至 20 節：大痲瘋病人康復後，重回會幕時進行，目的是為了潔淨和贖罪（十四 18～20），讓他重回完整的生命，抹血保證他可安全通過生死的界線。祭司的服事是作上帝與人的中介者，也站在生與死之間。他們站在門口，進行就職禮不單預備他們通過聖俗之間的危險界線，也保障子民與上帝有安全的接觸（民十六 46～48）。

祭司按立禮後，摩西要求他們在會幕開始公開事奉（利九章），這也是首次在會幕舉行的敬拜，公眾的敬拜在第八天開始，這天正是安息日後的第一天。獻祭的目的明確：「因為今天耶和華向你們顯現」(九4)。上帝的榮耀顯於會幕的第一個敬拜日。

2. 維護性禮儀

維護性禮儀，其存在是為了維繫已存的秩序及預防秩序陷入不可收復的地步。這類禮儀見於祭司禮儀的兩個範圍；其一是週年定規的節期(利二十三章)，另一是涉及分別潔淨與不潔淨的禮儀(利十一～十五章)。

A. 週年的節期

利未記二十三章被形容為給平民的日曆，[11] 與民數記二十八至二十九章相比，這段落並不強調獻祭的細節，而是呼喚人記念敬拜禮儀的次序。日曆將一年分為兩半，各有簡單的禮儀結構。上半年是春季(利二十三4～22)，有三個大節期：逾越節和除酵節(二十三5～8)、初熟節(9～14節)和五旬收割節(十五22)；下半年是秋季(二十三23～44)，同樣有三大節期：吹號節後稱新年(23～25節)、贖罪日(26～32節)和住棚節(33～44節)。而在一系列節期之前，則引介一段定調：「六日要作工，第七日甚麼工都不可做，是聖日」。因此，安息這創世的設計，支撐了週年的節期時令。

綜合來說，利未記節期的表述有三方面的意義。首先，節令不是普通的時間，而是以上帝的眼光定年日。回溯創世的第四日，上帝說有光體分晝夜，作記號，定節令、日子、年歲(創一14)。上帝為敬拜定時間，將禮儀性的時令置於已創造的秩序之中，這也是上帝創造的設計，上帝既做普遍的時間，也做敬拜的時間；既有創造秩序，也有禮儀秩序。分節令是上帝的大計，然而，也需要人遵守才能完滿上帝的心意。神人聯手聖化節期的慶典，這樣可回憶、肯定和永久維持上帝創造的宇宙節奏。

遵守上帝指定的節期的另一意義是反照創造主。結束春季節期的五旬節（利二十三 15～22），既慶祝豐收，也交合著倫理責任，這責任就是供應社會上的軟弱成員。他們要留下田的四角不收割，留給貧乏的人收取。為甚麼呢？乃是要顯出憐憫，是要反照上帝自己。「在你們的地收割……我是耶和華——你們的上帝」（二十三 22）。同樣，秋季最後一個節期是住棚節，記念在曠野的日子。回憶和重複體驗脆弱無能，單靠上帝的日子。為甚麼呢？是為了讓子民想念上帝為所有昨日、今日及將來的脆弱人類施憐憫（42～43 節）。

節期的第三個意義是安息日圖象。週年節期是以每週安息的模式來設計節期的規律的。創造的第一週，第七日分別為聖，這日天地由不完整轉向完整；由失序到有秩序；由普通時日轉為神聖日。春季和秋季的主要節期，即無酵節和住棚節，都有七日慶祝。五旬節則是第七個安息日次日。每年的七月是特別歸上主為聖，這是新年之始，有三個聖會：第一日是吹號角節，第十日是贖罪日，第十五日是住棚節。整個年曆沿安息日的週期運作，不住提醒信仰羣體，每一次守安息都要回憶上帝原初的計劃，並邀請羣體反映上帝的設計，藉著守節和生活的操守而效法上帝。

B. 潔淨與不潔淨的條例（利未記十一至十五章）

潔淨條例呼應上文祭司的使命是「將聖的、俗的、潔淨的、不潔淨的分別出來」，且下接利未記十六章預備贖罪日，即在當日行潔淨聖所的禮，因為以色列民不潔（利十六 1 下）。因此，有關潔與不潔的條例和禮儀，乃是置於羣體敬拜的處境之中，其目的是使羣體潔淨，配得進行敬拜。經文編排如下：

祭壇和祭司的聖化（利八～十章）
潔淨的條例（利十一～十五章）
聖所的潔淨禮（利十六章）

由此可見，它要凸顯潔淨條例，人在聖所以外的生活，對於子民在上帝面前敬拜起決定性的作用。潔與不潔的分類可分為五段，每段都有相似的結語公式：「這是甚麼甚麼的條例」，當中包括：動物的潔與不潔（利十一 1～47）、生育的不潔（十二 1～8）、皮膚病等的不潔（十三 1～59）、皮膚病等的潔淨條例（十四 1～57），以及漏症患者的不潔（十五 1～3）。

這潔淨系統是延伸自創造的秩序。首先，創世記一章強調萬物「各從其類」。「各從其類」多次出現在利未記十一章食物的條例之中，不跟其類的就定為不潔，當中強調要避免不合標準。每類潔淨動物都有標準，清楚可辨。標準是維持可認出的界線，人類的潔淨界線在於身體的整全，何時身體的整全破損了，身體就不潔，必須修護到正常的完整性，這通常經清洗或禮儀潔淨才可修復。

經文總結，遵守食物條例的理由是聖潔（QaDoS），這字在利未記十一章 44 至 45 節出現了五次。因此，潔淨條例教導人過敬畏上帝的生活，反照上帝的本質。上帝的本質不單在於嚴守界線，而且對界線以外者施憐憫、行公義。某些不潔的動物代表了不義的受害者，不食那些動物，不是在逃避牠們，而是小心不要掠奪牠們。[12] 聖潔與掠奪行為並不相稱。

3. 修復性禮儀

修復性禮儀將人和世界修復回到上帝創造的原意。利未記十四章是為痲瘋病人恢復回完整社羣生活的禮儀。利未記十六章贖罪日的禮儀，則使罪人和污穢了的聖所被潔淨，好與上帝有完全的溝通。

聖所代表的不單是信仰羣體，也是整個宇宙。利未記十六章11至19節的鑰字「贖罪」出現了四次（利十六11、16～18），其基本意思是潔淨而不是贖罪。當中所關注的是聖所完全被潔淨，即會幕內（十六14～16上）、會幕外（16節下）、祭壇（18～19節）和以色列人的不潔和罪；個人無意的罪污穢壇外面和外院（四22～35）；大祭司和全會眾無意的罪污穢聖所的內部（2～21節）；有意犯罪而不悔改的，它們污穢聖壇的外部和上帝的座位。潔淨聖所象徵修復宇宙的設計。它們之間的連接在於「七」的模式。潔淨聖所由三組禮儀組成，每組都要在每一聖壇處彈血七次：內院（十六14）、外院（16節）和祭壇外（19節）。

潔淨聖所有何重要？聖所不潔，上帝便會離開。當聖所聖潔，上帝則同在，全會眾才安全。聖所象徵上帝為全宇宙定的創世計劃，代表有秩序的世界，分開聖俗的界線。若上帝離開聖所，就會威脅到宇宙秩序倒塌。[13] 贖罪日執行的禮儀，讓信仰羣體參與積極修補聖所，不單為了自身，也為著全世界的緣故。當聖所聖潔，上帝就同在，世界也就堅立，因為天地聯合追求上帝創造的原意。

利未記十六章20至22節禮儀最後的行動，就是將代罪公山羊送到曠野。基本的意念，就是將污穢聖所子民的罪棄於曠野，曠野象徵混亂和失序的領域，這也配合創世的表述，而混亂卻不是被移除或消滅掉，乃是被指派到受限之地。將山羊棄於曠野可以穩住聖所，也穩住秩序與混亂的創世界線。

4. 聖潔的生活（利未記十七至二十六章）

「聖潔」原文字根（QaDoS）衍生的字在利未記十七至二十六章共出現超過一百五十次，這段經文被稱為「聖潔法典」，涉及的課題廣泛，當中包括性行為、鄰舍相處、敬拜、宗教節期，以及土地契約等。聖潔乃彰顯於食物方面的聖潔（利十七章）、與性有關的聖潔（十八～二十章）、祭司及祭物的聖潔（二十一～二十二章）、聖潔的節期（二十三章）、聖所及至聖上帝的名字（二十四章）、安息年及禧年（二十五章）、兩條路——祝福、咒詛（二十六章），以及許願之例及什一奉獻（二十七章）。

命令的核心段在利未記十八至二十章，從它工整的結構，其信息清楚顯示於重複的字句：

> 你不可照他們的惡俗行。（十八3）
> 我是耶和華。（十八2、4、5、6、21、30）
> 你們要聖潔，因為我耶和華——你們的上帝是聖潔的。（十九2）
> 我是耶和華。（十九3、4、10、12、14、16、18、25、28、30、31、32、34、36、37）
> 你們不可隨從他們的風俗。（二十23）
> 我是耶和華。（二十24、26）

命令所著重的是倫理道德行為、性倫理（利十八6～30）、社會倫理（十九 1～37）和犯罪的刑罰法則（二十 1～21）。聖潔則建基於上帝的本質和性格，而公義乃是上帝的形象和本質。社會倫理（十九 1～37）基於愛上帝而顯於愛鄰舍，鄰舍是指社會上邊緣的人，即窮人（10 節）、寄居的（10 節）、工人（13 節）、聾子（14 節）、瞎子（14 節）、窮人（15 節）、鄰舍（15 節），他們都是一些在經濟、政治或身體上受忽視的人。聖潔法典將上帝的子民連接到日常生活，要求他們實在的行公義，是上帝喜悅的公義，將出埃及記二十三章 20 至 33 節的約書和十誡，具體實踐於生活之中。

信仰羣體過分別為聖的生活，為要彰顯上帝的聖潔屬性。聖潔必要在羣體當中實現，展現於繁瑣的人際關係及個人的言行，全是外顯的行為，而不是內在靈性或聖俗分別。上帝要求的行為標準是在這一鑰節：「你們要聖潔，因為我耶和華——你們的上帝是聖潔的。」（利十九 2）人是按上帝的形象造的，立約委身於上帝的人，其倫理道德乃反映上帝的形象，這是守聖潔法則的惟一動機。

信仰羣體於本質上是受差遣成為「祭司的國度和聖潔的國家」，是去救贖那地（利二十五 24），而不是去污穢它。利未記二十六章的祝福與咒詛，最重要的序言是 1 至 2 節：「上主說：『你們不可造偶像；你們不可豎立人像、石柱、或雕刻的石頭作為敬拜的對象。我是上主——你們的上帝。你們要守安息日，尊重我的聖所。我是上主。』」（《現代中文譯本修訂版》）法典結束時，乃重申十誡的頭四誡——絕對愛上帝，可見持續忠於上帝在於兩個主要的敬拜之路：安息日和聖所。兩者分別代表神聖時間和神聖地方，安息日標誌著地上的神聖時刻，為了記念上帝命令給宇宙的原初秩序。而聖所則標誌著地上的神聖地方。在上帝的臨在中，蒙召羣體透過聖約的聖潔，將上帝的創造性設計具體活現出來。

六 總結：西奈啟示的敬拜觀對教會的意義

上帝與人立約，祂要建立的就是敬拜的羣體，且乃是要延續祂創造和拯救世界的行動。上帝將子民帶入應許地，並預先頒布聖潔生活的法則，並吩咐他們遵行，其目的是以聖潔的國民為世界清理污穢，為世界重建創造的秩序。

敬拜在維護社會和文化上發揮重要的作用。敬拜禮儀提供一種視域，是對上帝、對世界和對人類的一種看法，它超越日常生活的現實而轉移到更廣闊的眼界，且反過來修正現實，完滿日常生活。禮儀是象徵性的行動，活出一個世界觀，在回憶創造主設計世界的意向，並且將這些設計透過這些象徵性行動和態度演活出來，使人與真正的現實連接，效法宇宙的秩序，活出對生命和世界的信念。宇宙秩序在維護聖潔中被演活。當祭司分別潔淨與不潔淨、教導聖潔法典時，有修正和清潔的作用，使子民聖潔、守界線、愛神愛人。敬拜的會眾要延伸聖潔進入日常生活，以致上帝在世上的同在不斷擴大和前進。

教會的聖職人員承接祭司的召命，不單循規蹈距地進行崇拜禮儀，且要將信徒和世界與上帝的創造設計和諧地結連一起。正如祭司於就職禮時站在聖俗之間的缺口，這表示他們被召要保全這些基本的界線，好維護世界按上帝的設計運作。當這些界線遭受破壞、被違反或忽略時，就要重新恢復。信徒要在倫理上聖潔，效法上帝的公義，並有可見的表現。生活為人要依據創造主的設計；在性關係、鄰舍關係、家庭事務、土地擁有等各方面都要守法則。教會要建立聖潔的子民，呼籲信徒維護和照顧社會上弱勢和無助的鄰舍，行公義和好憐憫。敬拜的禮儀成為支撐信仰的支柱和力量，教化子民的生活，在人信心軟弱時賦予人力量。敬拜禮儀讓參與者對世界的視域懷有大志，且超越現實普通識見，能用創造主的眼界看世界，堅持世界可以實現上帝設計的美好，公義會彰顯於地上。聖潔禮儀不停留在聖所，而是會不斷提醒羣體要認真地承擔責任，保守羣體身體和心靈配在上帝面前敬拜。如此，日常生活便保持創造的神聖秩序。

註釋：

1. 舊約聖經這稱呼是更正教所用，猶太教稱為塔納赫（TANAKH）。讀者若想了解它們的差異和發展，筆者推薦閱讀帕利坎（Jaroslav Pelikan）：《讀經的大歷史》，吳蔓玲、郭秀娟譯（台北：校園，2010）。
2. 本文受益於巴倫坦（Samuel E. Balentine）的著作 *The Torah's Vision of Worship* (Minneapolis, MN: Fortress Press, 1999) 的第二部分有關五經的敬拜視像與創造秩序關係的討論。該書認為五經既是內因猶太人獨特領受而著作，又是外因波斯帝國刻意指示而形成，作為控制社羣的手段，筆者對後者有保留。筆者同意波斯的時代背景，極有可能是五經最後被編修的處境，但波斯帝王對五經的編排有多少影響，仍沒有定論。所以巴倫坦所提出的只是一個假設。
3. 詳細探討創世記「七」的結構對照古代文獻，可參考猶太學者李文森（Jon D. Levenson）的著作：Jon D. Levenson, *Creation and the Persistence of Evil*, ch. 6 ‘Creation in Seven Days’ (Princeton, NJ: Princeton University Press, 1988), 66 ~ 77。
4. 參李文森的著作：Levenson, *Creation and the Persistence of Evil*, 21 ~ 22；論挪亞的故事帶出創造與立約彼此堅定，立約修復混亂，重建創造秩序。
5. Balentine, *The Torah's Vision of Worship*, 66.
6. Balentine, *The Torah's Vision of Worship*, 136.

7. Levenson, *Creation and the Persistence of Evil*, 83 ~ 90.
8. Balentine, *The Torah's Vision of Worship*, 141.
9. Levenson, *Creation and the Persistence of Evil*, 78 ~ 99.
10. Balentine, *The Torah's Vision of Worship*, 151 ~ 166.
11. Balentine, *The Torah's Vision of Worship*, 155.
12. Balentine, *The Torah's Vision of Worship*, 162.
13. Balentine, *The Torah's Vision of Worship*, 165.

5

從詩篇的神學反思敬拜的內涵

張祥志

一 引言

今天當我們提到「敬拜」這課題時，我們不其然會想到「詩歌讚美」。當崇拜主席宣告「以下我們有一段敬拜的時間，我們有請敬拜小組帶領我們」時，其意思就是「我們以下有一段唱詩的時間，請帶領唱詩的小組來引領我們唱詩」。自從八十年代開始，香港教會吹來了一陣由西方教會而來的「詩歌敬拜讚美」之風，從此，「詩歌」與「敬拜」便結下一段不解之緣。但在聖經中，「敬拜」與「詩歌」之間不能劃上一個等號，唱詩只是表達敬拜的一種方式，而敬拜的內涵，事實上是遠比「唱詩」來得更深更廣。然而，若詩歌是表達敬拜的一種方式，聖經中的詩篇便很值得我們注意了。自從莫文克（Sigmund Mowinckel）以來，一般學者都認為詩篇的功用是作「古代以色列的詩本」，是以色列人敬拜時所頌唱的詩歌（詩五 7，二十四，六十六 13～15）。[1] 如果詩篇是一本敬拜的詩集，那麼詩篇的內容便可作為我們今天敬拜的一個參考。本文嘗試從詩篇的內容及特色去反思敬拜的內涵。

二 詩篇中的敬拜內涵

1. 讚美詩的理性層面

A. 讚美詩的特色

詩篇中的讚美詩，其內容主要包含兩種元素，就是「讚美」及「讚美的原因」。當我們細心觀察時，詩篇中任何一首讚美詩，它除了呼籲人去讚美耶和華外，都必定會提出讚美的原因，例如第一百四十八篇，作者以「你們要讚美耶和華」作開始及結束（詩一四八1節上、14節下），首尾呼應地包著整首詩篇，然後呼籲天上的萬物去讚美耶和華（一四八1節下～5節上），跟著便道出讚美的原因：「因他一吩咐便都造成。他將這些立定，直到永永遠遠；他定了命，不能廢去。」（5節下～6節）其後呼籲地上的萬物去讚美耶和華（7～13節上），然後又再道出讚美的原因：「因為獨有他的名被尊崇；他的榮耀在天地之上。他將他百姓的角高舉，因此他一切聖民以色列人，就是與他相近的百姓，都讚美他。」（13節下～14節）

就算是最短的讚美詩（詩一一七篇），都總會指出其讚美的原因：「萬國啊，你們都當讚美耶和華！萬民哪，你們都當頌讚他！因為他向我們大施慈愛；耶和華的誠實存到永遠。你們要讚美耶和華！」

B. 讚美原因的範疇

詩篇讚美詩的讚美原因層面很廣闊，例如第一百三十六篇，它讚美耶和華的基本原因是「因祂的慈愛永遠長存」，但其內涵則十分廣泛，包括「上帝的創造」——獨行大奇事、用智慧造天、鋪地在水以上、造成大光、造日頭管白晝、造月亮星宿管黑夜（詩一三六 4～9）；「上帝的拯救」——擊殺埃及人之長子、領以色列人從他們中間出來、施展大能的手和伸出來的膀臂、分裂紅海、領以色列從其中經過、把法老和他的軍兵推翻在紅海裏（一三六 10～15）；「上帝的賜福」——引導自己的民行曠野、擊殺大君王、殺戮有名的君王、殺戮亞摩利王西宏、殺巴珊王噩、將他們的地賜祂的百姓為業、就是賜祂僕人以色列為業、顧念他們在卑微的地步，救拔他們脫離敵人、賜糧食給凡有血氣的（16～25 節）。

也有些讚美的原因是很特別的，如第八篇，一般人以為這詩的主題是「人算甚麼」，讚美上帝的原因是人雖渺少，但上帝仍顧念他。可是當小心理解時，這詩篇讚美上帝的原因是很弔詭的。「你因敵人的緣故，從嬰孩和吃奶的口中，建立了能力，使仇敵和報仇的閉口無言」（詩八 2），嬰孩和吃奶的是極度軟弱的代表，但上帝卻在他們口中建立能力，使強大的仇敵及敵人閉口無言。「我觀看你指頭所造的天，並你所陳設的月亮星宿，便說：『人算甚麼，你竟顧念他？世人算甚麼，你竟眷顧他？』」（八 3～4）浩瀚宇宙中的天並月亮星宿，都只不過是上帝的「指頭」所造，人與宇宙相比已經渺小不堪，與用指頭造宇宙的上帝相比，更顯得微塵都不如，但上帝卻顧念眷顧人。不但如此，上帝更「叫他比天使（原文是「上帝」）微小一點，並賜他榮耀尊貴為冠冕。你派他管理你手所造的，使萬物，就是一切的牛羊、田野的獸、空中的鳥、海裏的魚，凡經行海道的，都服在他的腳下」（5～8 節）。上帝將極卑微的人類提升至比自己只微小「一點」的地位，派他們管理世界的萬物，將萬物服在他們的腳下。這詩篇讚美上帝的實質原因是：人雖微小軟弱，但上帝卻把他抬高到一個很高的地位，甚至高過世上的一切受造物。這詩要讚美的是上帝使「軟弱變為強」的作為。

C. 反思

1. 詩篇中的讚美的原因是很豐富的，甚至是很「細緻」的，我們今天敬拜讚美的時候，能否找出讚美上帝的理由及原因？又或是我們讚美上帝的原因層面是否過於狹窄，以致在讚美中不能有更豐富的感受？
2. 讚美不是沒有理性的情感重複，詩篇中所有的讚美，都鼓勵讚美者提出理由及原因；換句話說，讚美是須有理性的，理性思想並不是讚美的攔阻，而是幫助我們更豐富地讚美上帝，所以不要將理性從敬拜中剔除，只沉醉於感受及情緒之中。

2. 祈禱詩及咒詛詩的感性層面

A. 祈禱詩及咒詛詩的特色

詩篇中的祈禱詩，其特色在於作者很能夠道出自己的真實感受，將自己的痛苦帶到上帝那裏，與上帝一同面對那現實的境況。說到真實的感受，祈禱詩將人心中最真的感覺告訴上帝，並且說得很盡情，甚至可以埋怨上帝並咒詛仇敵等，這樣的基礎在於上帝是我們全人的主，沒有甚麼事情或感受是不能在上帝面前陳述傾吐的。

B. 吐露真情的例子

(i) 自己的苦況

「耶和華啊，求你可憐我，因為我軟弱。耶和華啊，求你醫治我，因為我的骨頭發戰。我心也大大地驚惶。耶和華啊，你要到幾時才救我呢……我因唉哼而困乏；我每夜流淚，把牀榻漂起，把褥子濕透。我因憂愁眼睛乾癟，又因我一切的敵人眼睛昏花」(詩六 2～6)。詩人在這裏盡情地將自己的苦況向上帝申訴，以精鍊的文學技巧及比喻來表達自己的狀況 —— 骨頭發戰、每夜流淚把牀榻漂起、因憂愁眼睛乾癟等，以抒吐自己內心的實況感受。

(ii) 埋怨上帝

「耶和華啊，你忘記我要到幾時呢？要到永遠嗎？你掩面不顧我要到幾時呢？我心裏籌算，終日愁苦，要到幾時呢？我的仇敵升高壓制我，要到幾時呢？」(詩十三 1～2) 另外，詩篇八十八篇更盡情表達詩人對上帝的埋怨：「你把我放在極深的坑裏，在黑暗地方，在深處。你的忿怒重壓我身，你用一切的波浪困住我。你把我所認識的隔在遠處，使我為他們所憎惡；我被拘困，不得出來。我的眼睛因困苦而乾癟」(八十八 6～9)；「耶和華啊，你為何丟棄我？為何掩面不顧我？我自幼受苦，幾乎死亡；我受你的驚恐，甚至慌張。你的烈怒漫過我身；你的驚嚇把我剪除。這些終日如水環繞我，一齊都來圍困我。你把我的良朋密友隔在遠處，使我所認識的人進入黑暗裏」(14～18 節)。在這詩中，詩人直到最後一句都是在申訴上帝如何苦待他，最終是希望上帝可以聽他的呼求及拯救他(1～2 節)。在詩篇中，透過禱告去表達真實的感受，就算埋怨上帝或質問上帝都是被容許的，甚至是被鼓勵的，因為在上帝面前坦誠表達，才是上帝所喜悅的禱告。

（iii）咒詛仇敵

詩篇一百三十七篇是一首經典的咒詛詩，耶和華的子民被擄到巴比倫河邊，被仇敵恥笑戲弄他們，要求他們奏唱耶和華的歌，他們雖心被撕裂，但仍堅持要記念耶路撒冷，並且求上帝報復他們的仇敵：「耶路撒冷遭難的日子，以東人說：『拆毀！拆毀！直拆到根基！』耶和華啊，求你記念這仇！將要被滅的巴比倫城啊，報復你像你待我們的，那人便為有福！拿你的嬰孩摔在磐石上的，那人便為有福！」（詩一三七 7～9）詩人心中對仇敵的痛恨，從其咒詛的極盡語句中可見一斑。

C. 反思

1. 敬拜除了理性層面外，也須要感情的投入。詩篇運用詩歌（poetry）的體裁，其中一個重要作用，就是要透過不同的圖像及比喻去引發讀者的感官感受，以致對詩人所表達的情感有更深刻的投入及共鳴，對上帝的體會也更真摯真誠。
2. 敬拜是要將自己完全敞開在上帝面前，在上帝面前將最真實的感受表達出來，事無不談，人毋須裝模作樣，客氣虛偽，因為上帝知道我們心中的一切，沒有甚麼能瞞得過祂的全知，所以我們在敬拜中應將生命最真實的一面呈現在上帝眼前，向祂傾心吐意。另外，在上帝面前真誠，也是對自己的生命真誠，惟有對上帝及對自己真誠，生命才有改變的可能。若在敬拜中逃避自我，左顧右盼，不作正視，那麼問題便永遠無法解決，生命只會原地踏步，寸步難行。自欺只會攔阻上帝在我們身上的工作，也無法改變我們自己。

3. 訓誨詩的生命教導

A. 訓誨詩的特色

這主要包含耶和華對子民生命的各種教導，包括上帝在子民生命歷史上的作為、如何面對惡人、要謹守耶和華的律法等。

B. 上帝在子民生命歷史上的作為（詩篇七十八篇）

詩篇七十八篇長達七十二節，是詩人對其子民所說的訓誨，將耶和華在他們祖宗身上所作的一切奇妙作為述說給其後代聽，目的是要他們仰望上帝，不忘記上帝的作為，要守祂的誡命，不要像他們的祖宗那般頑梗悖逆，居心不正，向上帝心不誠實（詩七十八 1～8）。

在述說祖宗的生命歷史時，詩人多番強調子民過去失敗之處：「他們不遵守上帝的約，不肯照他的律法行；又忘記他所行的和他顯給他們奇妙的作為」（詩七十八 10～11）；「他們卻仍舊得罪他，在乾燥之地悖逆至高者。他們心中試探上帝，隨自己所欲的求食物，並且妄論上帝說：『上帝在曠野豈能擺設筵席嗎？他曾擊打磐石，使水湧出，成了江河；他還能賜糧食嗎？還能為祂的百姓預備肉嗎？』……因為他們不信服上帝，不倚賴他的救恩」（七十八 17～22）；「雖是這樣，他們仍舊犯罪，不信他奇妙的作為」（32 節）；「他們卻用口諂媚他，用舌向他說謊。因他們的心向他不正，在他的約上也不忠心」（36～37 節）；「他們在曠野悖逆他，在荒地叫他擔憂，何其多呢！他們再三試探上帝，惹動以色列的聖者。他們不追念他的能力和贖他們脫離敵人的日子」(40～42節);「他們仍舊試探、悖逆至高的上帝,不守他的法度,反倒退後,行詭詐,像他們的祖宗一樣;他們改變,如同翻背的弓。因他們的邱壇惹了他的怒氣;因他們雕刻的偶像觸動他的憤恨」(56～58節)。

除了坦然記述子民的失敗,詩人也在詩中強調上帝的作為,而上帝的作為主要有兩樣:

(i) 上帝的拯救及恩典

「他在埃及地,在瑣安田,在他們祖宗的眼前施行奇事。祂將海分裂,使他們過去,又叫水立起如壘。他白日用雲彩,終夜用火光引導他們。他在曠野分裂磐石,多多地給他們水喝,如從深淵而出。他使水從磐石湧出,叫水如江河下流」(詩七十八12～16);「他卻吩咐天空,又敞開天上的門,降嗎哪,像雨給他們吃,將天上的糧食賜給他們。各人吃大能者的食物;他賜下糧食,使他們飽足。他領東風起在天空,又用能力引了南風來。他降肉,像雨在他們當中,多如塵土,又降飛鳥,多如海沙,落在他們的營中,在他們住處的四面。他們吃了,而且飽足;這樣就隨了他們所欲的」(七十八23～29);「但他有憐憫,赦免他們的罪孽,不滅絕他們,而且屢次消他的怒氣,不發盡他的忿怒。他想到他們不過是血氣,是一陣去而不返的風」(38～39節);「他卻領出自己的民如羊,在曠野引他們如羊羣。他領他們穩穩妥妥地,使他們不至害怕;海卻淹沒他們的仇敵。他帶他們到自己聖地的邊界,到他右手所得的這山地。他在他們面前趕出外邦人,用繩子將外邦的地量給他們為業,叫以色列支派的人住在他們的帳棚裏」(52～55節)。

(ii) 上帝的審判

「他們貪而無厭，食物還在他們口中的時候，上帝的怒氣就向他們上騰，殺了他們內中的肥壯人，打倒以色列的少年人」(詩七十八 30～31)；「雖是這樣，他們仍舊犯罪，不信他奇妙的作為。因此，他叫他們的日子全歸虛空，叫他們的年歲盡屬驚恐」(七十八 32～33)；「他怎樣在埃及地顯神蹟，在瑣安田顯奇事，把他們的江河並河汊的水都變為血，使他們不能喝。他叫蒼蠅成羣落在他們當中，嘬盡他們，又叫青蛙滅了他們，把他們的土產交給螞蚱，把他們辛苦得來的交給蝗蟲。他降冰雹打壞他們的葡萄樹，下嚴霜打壞他們的桑樹，又把他們的牲畜交給冰雹，把他們的羣畜交給閃電。他使猛烈的怒氣和忿怒、惱恨、苦難成了一羣降災的使者，臨到他們。他為自己的怒氣修平了路，將他們交給瘟疫，使他們死亡，在埃及擊殺一切長子，在含的帳棚中擊殺他們強壯時頭生的」(43～51 節)。

C. 反思

1. 敬拜中要承認自己的失敗。詩篇不但關心信徒的個人生活層面，也十分關心信徒羣體的層面。而信徒羣體記念上帝的作為時，不應只關注自己生命成功的一面，詩篇七十八篇並沒有避諱不談子民失敗的一面，它將子民對上帝的叛逆、不忠、橫梗等全面鋪陳出來，坦然承認子民軟弱的本性。我們敬拜時有否在上帝面前承認自己的失敗？抑或只是「報喜不報憂」、「隱惡揚善」?
2. 敬拜中不要忘記上帝在我們生命歷史中的作為。而上帝的作為固然有恩典部分，但同時也有審判的部分，上帝透過審判讓子民知道問題錯在哪裏，讓子民痛定思痛，以致不會再重蹈覆轍。上帝在子民生命上的作為是全面的，恩典及審判都顯出上帝十分關心祂子民的生命方向，所以我們在敬拜中不單只歌頌上帝的恩典，也同時應歌頌上帝對我們生命的審判及管教。

4. 懺悔詩的認罪層面

A. 詩篇五十一篇的特性

(i) 承認是自己犯了罪

這詩篇的背景是詩人大衛與拔示巴同寢以後，先知拿單來見他，他作這詩，交與伶長(參撒下十一2～十二25)。一開始，大衛便承認是他犯了罪：「塗抹**我**的過犯，將**我**的罪孽洗除淨盡，潔除**我**的罪……**我**的過犯、**我**的罪常在我面前」(詩五十一1～3)。大衛沒有為自己製造任何藉口去逃避自己的責任，他坦然承認是他自己犯了罪，得罪了耶和華，在判斷的時候顯得公義清正的是耶和華，而不是自己(五十一4～5)。

(ii) 承認人本性的敗壞

「我是在罪孽裏生的，在我母親懷胎的時候就有了罪。」(詩五十一5)這裏不是指基督教教義中的「原罪」觀念，而是指人性的敗壞本質，在母腹中已經有了這罪的本性。正因大衛看透人性中罪的本質，所以他在整首詩篇中沒有對耶和華作出任何承諾，保證以後不再犯罪，因為他知道自己罪的本性不能保證任何事情，正如摩西在以色列人敬拜金牛犢之後，耶和華審判了部分子民，摩西懇求耶和華繼續與他們同行時說：「主啊，我若在你眼前蒙恩，求你在我們中間同行，因為這是**硬著頸項**的百姓，又求你赦免我們的罪孽和罪惡，以我們為你的產業。」

（出三十四 9）因此，大衛請求耶和華赦免他的基礎，並不是他立志改過的決心，而是耶和華恩典的屬性：「求你按你的慈愛憐恤我！按你豐盛的慈悲塗抹我的過犯！」（詩五十一 1）

（iii）上帝喜悅甚麼？

人犯了罪，但又不能憑自己的決心改變，那人要怎樣辦呢？上帝喜愛人做甚麼呢？「你所喜愛的是內裏誠實；你在我隱密處，必使我得智慧」（詩五十一 6）；「你本不喜愛祭物，若喜愛，我就獻上；燔祭，你也不喜悅。上帝所要的祭就是憂傷的靈；上帝啊，憂傷痛悔的心，你必不輕看」（五十一 16～17）。上帝所要求人的是看清事件的真相，承認自己犯了罪，並且有一個憂傷的靈及一顆痛悔的心。憂傷痛悔的心靈，就是人深切體會整件事情真相的表達，就是人犯罪，不是沒有後果，而是會使人受傷害，使上帝傷心的。

（iv）求上帝潔淨更新

承認真相及憂傷痛悔並不是事情的終點，大衛還要求上帝潔淨更新他的生命。「求你用牛膝草潔淨我，我就乾淨；求你洗滌我，我就比雪更白。求你使我得聽歡喜快樂的聲音，使你所壓傷的骨頭可以踴躍。求你掩面不看我的罪，塗抹我一切的罪孽。上帝啊，求你為我造清潔的心，使我裏面重新有正直的靈。不要丟棄我，使我離開你的面；不要從我收回你的聖靈。求你使我仍得救恩之樂，賜我樂意的靈扶持我。」（詩五十一 7～12）人要更新生命先要承認自己所犯的錯，深切痛悔自己的罪，才可以有機會被上帝重新接納。

B. 反思

我們對上帝的敬拜，有沒有認罪這環節？有沒有深切痛悔自己所犯的過錯？有沒有求上帝潔淨及更新我們的生命？抑或是我們認罪時，只是帶著「兒嬉」的心態，進行不著邊際且搔不著癢處的「認錯」？另外，綜觀華人教會的詩歌中，以「認罪」作為題材的聖詩實在是鳳毛麟角，小貓三四，這是否反映出我們不太喜歡這讓人難堪的環節，只想過一個舒泰安樂的敬拜生活？抑或是我們的敬拜觀念中根本沒有「認罪」這概念？

5. 詩篇中的社會公義與道德生活

A. 社會公義層面

(i) 詩篇八十二篇

這詩篇說及天庭上的一個會議，「上帝站在有權力者的會中，在諸神中行審判」(詩八十二 1)。上帝審判諸神的甚麼？「你們審判不秉公義，徇惡人的情面，要到幾時呢？你們當為貧寒的人和孤兒伸冤，當為困苦和窮乏的人施行公義。當保護貧寒和窮乏的人，救他們脫離惡人的手」(八十二 2～4)。上帝雖在天庭，但祂最關心的是地上公義問題，究竟有沒有公正審判及保護弱勢羣體。

(ii) 詩篇三十七、七十三篇

這兩首詩篇都有一些共通主題，就是惡人的道路似乎很亨通，但不要為這些作惡的心懷不平，因為上帝最終會審判他們，所以當離惡行善。「不要為作惡的心懷不平，也不要向那行不義的生出嫉妒。因為他們如草快被割下，又如青菜快要枯乾」(詩三十七 1～2)。「你當默然倚靠耶和華，耐性等候他；不要

因那道路通達的和那惡謀成就的心懷不平。當止住怒氣，離棄忿怒；不要心懷不平，以致作惡。因為作惡的必被剪除；惟有等候耶和華的必承受地土。還有片時，惡人要歸於無有；你就是細察他的住處也要歸於無有。但謙卑人必承受地土，以豐盛的平安為樂」(三十七 7～11)。

詩篇七十三篇則這樣記載：「我見惡人和狂傲人享平安，就心懷不平。他們死的時候沒有疼痛，他們的力氣卻也壯實。他們不像別人受苦，也不像別人遭災。所以，驕傲如鏈子戴在他們的項上；強暴像衣裳遮住他們的身體。他們的眼睛因體胖而凸出；他們所得的過於心裏所想的。他們譏笑人，憑惡意說欺壓人的話；他們說話自高。他們的口褻瀆上天；他們的舌毀謗全地」(詩七十三 3～9)；「等我進了上帝的聖所，思想他們的結局。你實在把他們安在滑地，使他們掉在沉淪之中。他們轉眼之間成了何等的荒涼！他們被驚恐滅盡了。人睡醒了，怎樣看夢；主啊，你醒了也必照樣輕看他們的影像」(七十三 17～20)；「遠離你的，必要死亡；凡離棄你行邪淫的，你都滅絕了。但我親近上帝是與我有益，我以主耶和華為我的避難所，好叫我述說你一切的作為」(27～28 節)。

雖然地上的惡人好像道路很通達，但上帝是公義的，所以必定會按公義回報他們，所以人不應走他們的惡道，相反要走上帝的義路。

B. 道德生活層面

(i) 詩篇十二篇

這詩篇表達了一種沒有誠信的社會狀況：「耶和華啊，求你幫助，因虔誠人斷絕了；世人中間的忠信人沒有了。人人向鄰舍說謊；他們說話，是嘴唇油滑，心口不一」(詩十二1～2)；「他們曾說：『我們必能以舌頭得勝；我們的嘴唇是我們自己的，誰能作我們的主呢？』」(4節)但耶和華並不容許這些狀況繼續，「凡油滑的嘴唇和誇大的舌頭，耶和華必要剪除」(3節)；並且祂要拯救受欺壓的，「耶和華說：『因為困苦人的冤屈和貧窮人的歎息，我現在要起來，把他安置在他所切慕的穩妥之地。』……耶和華啊，你必保護他們；你必保佑他們永遠脫離這世代的人」(5、7節)。

(ii) 詩篇十五、二十四篇

這兩首詩篇一般都被視為「進殿詩」，就是進入聖殿時所誦唱的詩篇，但這兩首詩篇所關注的不單是進聖殿本身，而是來到上帝面前的時候，上帝所要求的生命質素：「耶和華啊，誰能寄居你的帳幕？誰能住在你的聖山？」(詩十五1)「誰能登耶和華的山？誰能站在他的聖所？」(二十四3)耶和華的要求是甚麼呢？「就是行為正直、作事公義、心裏說實話的人。他不以舌頭讒謗人，不惡待朋友，也不隨夥毀謗鄰里。他眼中藐視匪類，卻尊重那敬畏耶和華的人。他發了誓，雖然自己吃虧也不更改。他不放債取利，不受賄賂以害無辜。行這些事的人必永不動搖」(十五2～5)；「就是手潔心清、不向虛妄、起誓不懷詭詐的人。他必蒙耶和華賜福，又蒙救他的上帝使他成義」(二十四4～5)。

C. 反思

1. 敬拜不單關注個人層面，也關注社會公義。敬拜不是用來滿足我們個人的情緒感受，也不只是關心我們與上帝的個人關係，敬拜是關注上帝所關注的，上帝十分關注這個世界有沒有公義的彰顯，有沒有徇惡人的情面，弱勢羣體有沒有受冤屈不被保護。所以，敬拜是不單關心教會四壁裏面的世界，更關心教會以外的社會世界。今天我們的敬拜有否關心社會的公義問題，抑或只停留在「我們在這裏真好」的自我沉醉狀態裏面？

2. 沒有道德的生命，敬拜是徒然。上帝關心的不單是敬拜的一刻我們有否遵守禮儀程序，更關心我們的生命是否合上帝心意，是否願意遵行上帝的吩咐，過合乎聖經的道德生活。聖經中上帝關注生命質素比遵守敬拜禮儀更重要的觀念比比皆是：「耶和華喜悅燔祭和平安祭，豈如喜悅人聽從他的話呢？聽命勝於獻祭；順從勝於公羊的脂油」（撒上十五 22）；「惡人獻祭，為耶和華所憎惡；正直人祈禱，為他所喜悅」（箴十五 8）；「行仁義公平比獻祭更蒙耶和華悅納」（二十一 3）；「惡人的祭物是可憎的；何況他存惡意來獻呢？」（27 節）先知們也同樣有這樣的教導：「我喜愛良善，不喜愛祭祀；喜愛認識上帝，勝於燔祭」（何六 6）；「我厭惡你們的節期，也不喜悅你們的嚴肅會。你們雖然向我獻燔祭和素祭，我卻不悅納，也不顧你們用肥畜獻的平安祭；要使你們歌唱的聲音遠離我，因為我不聽你們彈琴的響聲。惟願公平如大水滾滾，使公義如江河滔滔。」（摩五 21 ～ 24）「我朝見耶和華，在至高上帝面前跪拜，當獻上甚麼呢？豈可獻一歲的牛犢為燔祭嗎？耶和華豈喜悅千千的公羊，或是萬萬的油河嗎？我豈可為自己的罪過獻我的長子嗎？為心中的罪惡獻我身所生的嗎？世人哪，耶和華已指示你何為善，他向你所要的是甚麼呢？只要你行公義，好憐憫，存謙卑的心，與你的上帝同行」(彌六 6～8；另參賽一 11～17)；「你們這假冒為善的文士和法利賽人有禍了！因為你們將薄荷、茴香、芹菜獻上十分之一，那律法上更重的事，就是公義、憐憫、信實，反倒不行了。這更重的是你們當行的；那也是不可不行的。這們這瞎眼領路的，蠓蟲你們就濾出來，駱駝你們倒吞下去」(太二十三 23～24)。

3. 詩篇十五篇及二十四篇並不是用來判別誰可進殿敬拜上帝的標準，而是告訴我們，上帝在敬拜中最關注的及所要求的是甚麼，就是我們的生命從內心動機到外在行動，是否願意遵守上帝所教導的道德生活，是否願意在敬拜中被上帝改變我們的生命，以致更合乎祂的心意。

三 總結

1. 詩篇中的敬拜特色

A. 融會情理的敬拜

詩篇中的敬拜包括了理性與感性兩大層面，與上帝建立關係，單單只有理性層面並不足夠，也須要有感性層面，情與理兩者兼備才能相得益彰，就如一只風帆要具備風力及掌舵才能到達目的地，只有風(感情)而沒有掌舵的方向控制(理性)，只會吹到一個不知名的地方；只有掌舵的方向(理性)卻沒有風的動力(感情)，便甚麼地方都去不到，惟有兩者配合方能成事。

B. 整全生命的敬拜

詩篇的敬拜內容十分廣泛，幾乎涉及生命的每一個層面，善、惡、成功、失敗、光明、黑暗、個人、羣體、順服、叛逆、認罪、寬恕、恩典、審判、內心、行動…… 在我們生命中，上帝沒有一個處境是不存在的，也沒有一件事情是祂不關心的，更沒有一樣事情是祂不知道的。故此，我們來到上帝面前，應將生命全然開放，讓上帝參與我們的每個生命範疇，而不應有任何的篩選或審查，否則便會錯失上帝改變我們的機會。

C. 內外兼修的敬拜

詩篇的敬拜涉及了個人內心感受，也十分關注外面世界的社會公義及道德問題。敬拜不能只陶醉於教會內的「屬靈」生活，更需要走進社會中，將上帝的公義、憐憫、關懷帶到這大地，以上帝的吩咐改變這不義的世界，讓這世界更美好。

D. 上帝自己比形式更重要的敬拜

「聽命勝於獻祭」道出了敬拜觀念的核心，上帝最關心的敬拜，不是我們外在的表達形式或行動，而是內心的生命是否願意順從祂的心意。有了一切的外在形式表達，但卻沒有上帝想要的精神，最終可能只換來耶穌對法利賽人的責備：「這百姓用嘴唇尊敬我，心卻遠離我。」(可七6)

2. 詩篇對敬拜的反思

當我們思考「敬拜」這課題時，詩篇給我們提出了很多反省的地方。今天我們對「敬拜」的理解會否過於狹窄？會否只流於個人感受層面，而忽略理性的重要？會否將信仰生命局限於一個狹小的範疇，而沒有將生命每一個層面開放給上帝？會否只關注個人靈性修養，而漠視社會公義的彰顯？會否只呈露生命美好的一面，而規避內心真實幽暗的一面？會否只顧外在的禮儀形式，而忘卻內心的真誠順服？

敬拜是生命對上帝、對世界、對別人、對自己的一個回應，如何敬拜就是如何活出一個真實的生命；對敬拜存著甚麼態度，就是對生命存著甚麼態度。有正確的敬拜，就是有正確的生命，但願每位屬上帝的人，都有一個真正敬拜上帝的生命！

註釋：

1. Sigmund Mowinckel, *The Psalms in Israel's Worship* (Grand Rapids, MI: Eerdmans, 2004), 2～22.

6

從新約看聖靈在敬拜中的重要性

邵樟平

一 引言

寫這篇文章的本意，是想去探討新約對敬拜的看法。為甚麼要寫這篇文章去探討新約對敬拜的看法呢？原因很簡單，因為察覺到現代的教會敬拜，呈現出一種叫人憂心的情況。今天的教會敬拜，可以說是出現了兩個叫人憂心的局面，一個是悶局，另一個是亂局。悶局，出現在那些幾十年來在敬拜上都不求更新的教會中間。他們崇拜中唱的是幾十年前的詩歌，他們的程序幾十年都不會更改，而那些參與敬拜的人，只能在苦悶中捱過一個又一個的崇拜。對於身處這個敬拜悶局的信徒來說，偶然一篇動聽的講道，便好像給他們很大的釋放。

亂局，則出現在那些在敬拜上不斷追求創新的教會中間。他們崇拜唱的是層出不窮的新歌；於是，參與敬拜的人，便似乎有永遠適應不完的新歌，而他們在唱詩時，也經常會出現跟不上的混亂情況。他們崇拜的程序極其簡單，基本上由詩歌敬拜和講道組成。詩歌敬拜是由帶領者主導，詩歌如何唱法、何時唱完、何時加入禱告，參與敬拜的人一概不知，他們只能在迷糊混亂中摸索，如何去跟隨帶領者的引導。

筆者相信，對於當代教會在敬拜上所出現叫人憂心的情況，我們是可以從新約中尋找到解決的方法的。筆者這篇文章便是嘗試透過探討新約中對敬拜的教導，和對敬拜的實踐，來發掘出新約中敬拜的核心元素。現代信徒若能將這種核心元素，重新固定在敬拜之中，當今在敬拜中所呈現的亂局和悶局便可望得著解決。

二 研究新約中敬拜的意義的重要性

面對當代教會在敬拜上所出現的問題，回到新約去，研究其中的敬拜，果真有幫助嗎？新約學者威塞林頓（Ben Witherington III）的回答是肯定的，其觀點十分值得我們細心思想。他說：「我深信，其中一個巨大障礙，令我們難以得出一個更具深度和更符合基督教信仰的敬拜，是**因為我們很多的傳道人和帶領敬拜的人，對於新約所確實講到的敬拜——它是甚麼意思、它包含了甚麼和我們應該做甚麼——亦所知甚少。**」[1]

威塞林頓的提醒，可謂是當頭棒喝。原來當代教會在敬拜上出了問題，離開具深度、符合信仰的敬拜愈來愈遠，其中的關鍵，並不在於詩歌的選材、程序的安排，亦不在於帶領敬拜者或團隊的技巧是否足夠。敬拜出現問題，其關鍵是在於知識的貧乏。而其所缺欠的知識，乃是新約所講到的敬拜的知識。我們是因為對新約所講到的敬拜所知甚少，所以才不產生出具深度和符合基督教信仰的敬拜。這的確是一個重要的洞見。

由此可見，我們研究新約中的敬拜，其意義乃十分重大。我們要做的，是嘗試弄清楚新約所講的敬拜究竟是怎樣的一回事。惟有當我們知道新約所講的敬拜是怎樣一回事、它包含的意義是甚麼，和它的核心元素是甚麼，我們才可以按照著這個方向，來設計出扎實和有深度的敬拜，然後，才能夠為到參與敬拜的信徒帶來祝福。

三 研究新約中關於敬拜的知識的困難

我們雖然知道了研究新約中敬拜觀的重要性，但是，這並不等於我們很容易便能夠從新約找出有關敬拜的知識。相反，當我們進行研究時，首先會發現這個研究是不容易的。因為我們第一時間，便會遇上以下兩個困難：

1. 系統性研究的困難

我們要去找出新約對敬拜的看法，所遇到的第一個困難，就是難以對敬拜得出一個系統性的了解。正如學者費依(Gordon D. Fee)在他一本闡釋保羅書信的巨著中所提到：「因為保羅書信的本質是要處理特定的問題，所以它們並沒有包含任何對初期教會的敬拜一種近乎系統性的表達。」[2] 這即是說，縱使我們按照保羅的書信，來對敬拜的性質、含意和內容作出全面的探究，我們也難以得出一個對敬拜的系統性認識。

我們若按費依對保羅書信所下的結論，推而廣之，它其實亦可以應用到整本新約之上。因為我們可以肯定的說，新約中的每一卷作品，都是為了針對特定的處境和問題而寫的。新約的書卷本身並不是現成的系統神學作品，或者是現成的神學教科書；因此，要從它們那裏找出有關基督徒的敬拜的系統性或全面性的教導，乃是十分困難的事。

2. 字義研究的困難

第二方面，我們發現，從字義研究這個角度來研究新約中的敬拜亦是有困難的。新約學者馬田（R. P. Martin）在一篇為聖經百科全書撰寫的介紹「敬拜」的文章中，[3] 列出了在新約中所出現與敬拜有關的四個希臘文詞組。它們分別是：（1）προσκυνέω（*proskuneō*）；（2）γόνυ（*gonu*）和 γονυπετέω（*gonupeteō*）；（3）λατρεύω（*latreuō*）和 λατρεία（*latreia*）；（4）λειτουργία（*leitourgia*）和 λειτουργέω（*leitourgeō*）。

我們本應可以按照馬田所提出的這四個詞組，來對敬拜進行研究；但是，我們卻會遇上困難。原因是，這四個詞組的字詞，它們的基本意思都不是敬拜，而它們所帶有的敬拜意思，只不過是由那些基本意思引伸出來的。例如，詞組（1）的基本意思是「拜」，它是由「拜」而引申出「敬拜」的意思；詞組（2）的基本意思是「跪」，它是由「跪」而引申出「敬拜」的意思；詞組（3）和（4）的基本意思很接近，都是指到「事奉」或「服事」，它們亦是由「事奉」、「服事」引申出「敬拜」的意思。

當我們以字義研究的方式，去了解這些字詞在新約中的意思時，便會發現，它們有相當一部分是在表達它們的基本意思，是與敬拜全無關係的。因此，我們很難對這些字詞作出一些簡單的歸納，便足以了解到新約對敬拜的看法。若要作出準確的字義研究和歸納，我們便需要逐一對每個字詞出現的經文作出研究。由於做這種研究要投放的時間和氣力均很大，並不是這篇短短的文章所能應付得來，於是，本文亦只好放棄以這種方式來研究新約中的敬拜了。

四 以聖靈作為焦點去了解新約的敬拜

上文所提到的困難，讓我們知道，要對新約的敬拜作出全面的探討，不是這篇短文所能夠做得來的事。但是，這並不表示我們沒有可能對新約的敬拜作出重要的探討。原因是，原來新約對於敬拜中的一個核心元素表達得十分清晰。我們雖然不能全面探討新約對敬拜的講論，卻仍可以對這個敬拜的核心元素，稍稍作出一些仔細的探討。

新約所提到的敬拜的核心元素，乃是聖靈在敬拜中的重要參與。那些研究新約中敬拜的學者們，不約而同地以聖靈作為焦點去論述新約的敬拜。我們只需要從以下兩位學者的講論，便可以清楚看出，聖靈在敬拜中所佔的核心位置。

首先是馬田以「聖靈磁場」來描述敬拜這個活動。他說：「我們得到的一個總印象是，初期基督徒對聖靈的臨在和能力有一個活潑的認知，而且，他們的敬拜乃是置身在『聖靈的磁場』之中。」[4] 所謂聖靈的磁場，其實就是指到聖靈的臨在和聖靈的大能。敬拜之所以成為敬拜，是因為它是在聖靈的臨在和大能中進行的，它就好像是在聖靈的磁場中進行一樣。

馬田在另一本專門討論敬拜的書中，以另一種方式表達這觀點，當中指出聖靈在信徒的敬拜中所扮演的重要角色。他是這樣說的：「由於敬拜的真正意思是要讓上帝居於中心的位置，我們那些自我中心的利益和無謂的關注，便需得受到正當的控制。敬拜者最需要的是重新鑄造那個破損了的銀幣，使我們的敬拜能照耀出它本身的光芒，就如一個在精確計算下導引我們一直對準上帝的運動，容許我們去看出所有其他在上帝之前的東西（*coram Deo*），如祂看見它們一樣。**正正是在這一點上，我們需要聖靈的幫助**。祂是教會關於敬拜的討論議程的答案所在。」[5] 馬田在這裏將敬拜比喻成一個破損了的銀幣。這個破損的銀幣若要發出耀眼光芒，讓在上帝之前的事物，都能如上帝看它們那樣呈現出來、那樣顯出光輝的話，我們便需要得到聖靈的幫助。因此，聖靈便是決定教會敬拜能否發出光芒的核心元素。

另一位提出類似看法的學者是費依。他在闡釋保羅書信時，清楚提到：「聖靈乃被明確提到，是要為到所有其他基督徒敬拜的表達負起責任的那一位。」[6] 在新約中，基督徒的敬拜，並不是由使徒、信徒領袖負起責任的。要為基督徒的敬拜負責的乃是聖靈。敬拜是否能達到它的目的，並不是由帶領敬拜的人來決定，亦不是由參與敬拜的人來決定，而是由負責的聖靈來決定的。因此，一個真正的敬拜，一個美好的敬拜，便不可能缺少了那位為它負責的聖靈的位置。

五 新約對聖靈在敬拜中的重要性的講論

雖然受到投放在這研究上的精力和時間所限，我們在這個部分只會討論新約中的四段經文。不過，筆者相信，這四段經文已經能夠將聖靈在敬拜中的重要性，表達得相當清楚。另一方面，雖然這四段經文的觀點有時會出現互相重疊的情況，但是，它們更多呈現的，其實是一種層層緊扣的關係，而透過它們那些稍有不同的論述，便將聖靈與敬拜的真理，相當全面地表達出來了。

1. 約翰福音四章 21 至 24 節：聖靈是敬拜的核心元素

> 耶穌說：「婦人，你當信我。時候將到，你們拜父，也不在這山上，也不在耶路撒冷。你們所拜的，你們不知道；我們所拜的，我們知道，因為救恩是從猶太人出來的。時候將到，如今就是了，那真正拜父的，要以聖靈和按真理拜他，因為父要這樣的人拜他。上帝是個靈〔或無「個」字〕，所以拜他的必須以聖靈和按真理拜他。」[7]

這段經文雖然不是很長，但是，卻將新約對敬拜的本質或核心元素的教導，作出了十分清晰的說明。正如威塞林頓所指出的，「耶穌是在宣布，末世性的敬拜時刻已經臨到，這個根據真理/啟示和救恩的清楚知識的敬拜，已經從猶太人，透過耶穌這個人顯明出來了，並且，這敬拜是由內住在人裏面的聖靈所引導和啟迪的」。[8]

威塞林頓讓我們看出，這段經文有三個與敬拜有關的重點：(1) 耶穌所宣布的敬拜，是末世性的敬拜；(2) 敬拜的基礎是知識，就是真理/啟示和救恩的知識；(3) 聖靈的引導和啟迪工作，令敬拜者清楚知道真理/啟示和救恩，從而讓他們可以進入真正蒙福的末世性的敬拜之中。因此，缺少了聖靈在敬拜中所佔的核心位置，那敬拜便不可能是真正的末世性敬拜了！

此外，堅納（Craig S. Keener）從另一個角度對這段經文作出解釋，讓我們看出聖靈與敬拜另一層深入的關係。他指出：「在很多猶太傳統中，都傾向將聖靈加以地域化。但是，約翰福音四章 20 至 24 節似乎是提出了一個相反的看法：聖靈成為了真正敬拜的場所……聖靈似乎是取代了聖殿的位置，成為了上帝活動的場所……真正的敬拜不再是局限在聖殿中，而是要靠賴在約翰福音所描繪的那種對聖靈的經驗。」[9]

堅納的解釋，無疑是順著那婦人所提出：「應該在哪裏敬拜上帝？在這山上？抑或在耶路撒冷？」以及耶穌的回答：「你們拜父也不在這山上，也不在耶路撒冷」而來的。那婦人將敬拜緊扣在地域和空間之上，耶穌卻指出，聖靈要成為那個真正的敬拜空間。堅納的表達很清楚：首先，聖靈本身是不受地域規限的，耶穌這種對聖靈的講論，超越了猶太人的傳統看法。接下去，敬拜由在一個固定屬地的地域空間，變成了一種由聖靈所提供的屬靈的和關係性的空間中進行。最後，他的總結是，敬拜的呈現不在於在某個固定空間中做了甚麼，敬拜的呈現乃在於在聖靈裏經驗到聖靈的同在，而在這種同在之中，敬拜者便已經自然地進入了敬拜之中。聖靈在敬拜中的核心位置，在這段經文中表露無遺。

2. 啟示錄一章 10 至 13 節：聖靈讓敬拜者進入真正敬拜的狀態

> 當主日，我被聖靈感動，聽見在我後面有大聲音如吹號，說：「你所看見的當寫在書上，達與以弗所、士每拿、別迦摩、推雅推喇、撒狄、非拉鐵非、老底嘉那七個教會。」我轉過身來，要看是誰發聲與我說話；既轉過來，就看見七個金燈臺。燈臺中間有一位好像人子，身穿長衣，直垂到腳，胸間束著金帶。

對於探討新約中關於敬拜的講論，啟示錄一章 10 至 13 節肯定是我們很易忽略的一段經文。然而，當威塞林頓對這段經文作出解釋之後，我們卻可以肯定，這是另一段指出聖靈在敬拜中佔重要位置的經文。他對這段經文的解釋是：「〔約翰〕是在聖靈裏，而不是在教會中。敬拜的重點不在於要有一個神聖的空間；而是在於要有一個神聖的（或最少是樂於接受的）狀態。這裏提到主日，可能是要表明這是一個神聖的時刻，就是一個敬拜的時刻。」[10]

威塞林頓接著作進一步的解釋：「這不在於約翰來到了一個正確的地方。這乃在於，他已經預備好，為到在神聖時刻中所經歷的相遇而來；他已經預備好，為到在主日獻上尊榮、頌讚和榮耀而來。他是全然向聖靈開放，到一個地步，經文說他是在聖靈裏面。[11] 注意，這裏並不是說，聖靈在他裏面（雖然這肯定是真的）。不是，他乃是在異象臨到之前，已經將自己浸淫在神聖的臨在之中。」[12]

這段經文不是在對敬拜作出教導，它乃是在敘述出初期教會一次真實敬拜的情況。若教導總是會顯得抽象的話，那麼，敘事便是對真理的一種具體的呈現。而這段經文便是從一個實在的場景和人物，來看出敬拜者的敬拜與聖靈的緊密關係。根據威塞林頓的解釋，我們可以指出，啟示錄一章 10 節的經文，是在敘述敬拜與空間的關係上的一種新景況。而在這種新的景況中，聖靈對敬拜的重要性被鮮明地標示了出來。

約翰究竟是在哪個地域的空間上敬拜，已經不重要了，經文亦沒有去提及它。反之，重點是在，約翰是「在聖靈裏」這種另類的空間中進行敬拜。我們說這是另類的空間，因為約翰的敬拜是在聖靈裏進行的。不過，這又不是單純的空間，只涉及地域。其實「在聖靈裏」更加是指到一種狀態。這是敬拜者預備好自己要進入的一種狀態。這狀態可以包含很廣闊的意思：它是一次相遇；一份要獻上尊榮、頌讚、榮耀的心意；一次向聖靈的全然開放。以至到最後，這便成了一種全然將自己浸淫在聖靈裏、全然在神聖的臨在中的狀態。

在聖靈裏的敬拜，指出了人與上帝真箇可以在敬拜中相遇，它不是一種頭腦的知識。在聖靈裏的敬拜，是要領人由地域性的空間，轉移到非地域性的聖靈中的神聖空間去敬拜；繼而，敬拜者便會體會到，在聖靈裏的敬拜，不再是以往的那種倚靠空間和知識的敬拜，而是一種心意被聖靈更新後，在全然不同的狀態下的敬拜。

其實，這種在聖靈裏的敬拜，在新約其他多處地方都有提及。使徒行傳四章31節提到，門徒們「禱告完了，聚會的地方震動，他們就都被聖靈充滿，放膽講論上帝的道」。這裏敘述的，是一種甚麼的狀況？按上文（徒四23～30），這明顯是一羣信徒，正在上帝的臨在中，享受與上帝的交往。我們可以想像，他們一直是在聖靈的充滿中，進行著他們的敬拜。[13]

3. 腓立比書三章3節：聖靈是敬拜的帶領者，祂要為敬拜負起全責

> 因為真受割禮的，乃是我們這以上帝的靈敬拜、在基督耶穌裏誇口、不靠著肉體的。

馬田將這節經文中提到聖靈與敬拜的關係，解釋得十分明白。他說：「若我們將保羅以下的說話，按字面的意思來了解的話：『以上帝的靈敬拜』（腓三3；《新標準修訂譯本》〔Revised

Standard Version〕頁旁的小字譯法），[14] 那麼，聖靈的職責就是直接為了達成這個目的〔即敬拜〕。因為我們可以倚靠聖靈的引導和感動，來幫助我們發出上帝悅納的讚美。我們要做的，就是預備好，以合適地關注我們在做甚麼和為何去做這事，來獻上讚美的祭。」[15]

「真受割禮的」是指到那些接受耶穌為基督的信徒。他們是怎樣敬拜的呢？馬田上述的解釋，便指出了聖靈在敬拜中所扮演的一個重要角色，就是一個幫助者的角色。因此，我們可以看出，聖靈與敬拜的關係，就是一個幫助者如何幫助信徒進行敬拜。當敬拜者要進行敬拜時，他們便需要「倚靠」那位幫助者。敬拜者要唱詩、聽道、講道、讚美、參與事奉、奉獻，還有其他等等，全部都需要聖靈這位幫助者的輔助，他們才真能成就到敬拜真正要去達到的目的。

敬拜固然是信徒參與的一項活動。一項敬拜的活動，當然會涉及很多的人。帶領敬拜和參與敬拜的人，在敬拜中當然是很重要。但是，敬拜者並不能靠自己的能力和才幹，去達成敬拜。敬拜者必須去「倚靠」聖靈這位幫助者的幫助。因為，惟有在祂的幫助之下，敬拜者才能夠真實達成敬拜所要達成的目的。敬拜失去了那位幫助者，敬拜便不成敬拜了。

4. 以弗所書五章 18 至 20 節：敬拜者是在聖靈的支配下進行敬拜

> 不要醉酒，酒能使人放蕩；乃要被聖靈充滿。當用詩章、頌詞、靈歌彼此對說，口唱心和地讚美主。凡事要奉我們主耶穌基督的名常常感謝父上帝。

威塞林頓在解釋這段經文時指出：「我們應該留意，保羅是對那些已經得著了聖靈的基督徒説：『要被充滿』。而那個動詞，在希臘文是現在進行式的時態：繼續不斷地以聖靈來充滿和被聖靈充滿⋯⋯基督徒乃是對聖靈的內在工作大大敞開自己，而結果乃是，不論是在內裏或是在外面都有一種深深顫動，差不多是非言語所能表達的。」[16]

當保羅講完「要被聖靈充滿」之後，接下去提到的是信徒「用詩章、頌詞、靈歌」對説，又提到「讚美主」和「感謝父上帝」。由此可見，保羅這裏提到的被聖靈充滿，應該是緊扣著敬拜來講的。而當我們再參考與這段經文平行的歌羅西書四章16至17節之後，我們便可以更加確定，這裏的經文應該就是論到敬拜的。

在歌羅西書的經文中，提到了更多項目，它們清晰地構成了一幅敬拜的圖畫。首先，那裏提到「把基督的道理豐豐富富的存在心裏」，這顯然是信徒在敬拜中聽道的情況。「彼此教導，互相勸戒」，亦清楚是指到在敬拜中，傳道人或信徒中被感動的人，他們負起對信徒施行教導和勸戒的工作。至於「心被恩感，歌頌上帝」，是敬拜者在聽道後領受了基督的道理，接受了教導和勸戒，其所作出的積極回應。到最後，他們「無論做甚麼，或説話或行事，都要奉主耶穌的名，藉著祂感謝父上帝」，這乃是表明，敬拜的作用是要塑造敬拜者的整個生命。

因此，以弗所書五章的這段經文，讓我們看出聖靈幫助信徒敬拜，其具體的情況是怎樣的一回事。這是一種「被聖靈充滿」的敬拜。聖靈幫助敬拜者敬拜，就好像人被酒充滿一樣。當一個人被酒充滿之後，他便是由酒來支配他的一切；同樣的，當一個人被聖靈充滿之後，他便是由聖靈來支配他的一切。酒能充滿一個人，是因為這人主動去喝酒；同樣地，聖靈能充滿一個人，亦需要這人主動去喝聖靈的活水（參約七 37～39）。因此，只要敬拜者願意向聖靈開放自己的生命，聖靈便會像酒一樣去支配他。而之後他所進行的敬拜，其實就是由在他裏面支配著他的聖靈所做成的。

六 總結

我們若將現在自己或自己教會所經歷到的敬拜，與上述所講到的新約中所提到的敬拜作出對照，我們會有怎樣的感覺？

現在的敬拜，名義上雖然是對上帝的敬拜，但是，它的骨子裏，更多是一種以人為中心的敬拜。帶領敬拜的各個單位——不論是主席、領敬拜唱詩者、和唱者、講員等等——當然是敬拜的靈魂，他們肯定會被看成是一個敬拜是否成功的決定性元素；同時，參與敬拜者的感覺，亦對敬拜產生巨大的影響力，因為它會被看成是反映出一個敬拜是否成功的決定性指標。這種敬拜，其實完全是以人為本位的敬拜。

新約的敬拜，名符其實是以上帝為中心的敬拜。敬拜的對象固然是上帝。同時，敬拜的首要帶領者亦是上帝自己，祂就是三一上帝中的聖靈。帶領敬拜的中心人物只有聖靈一位，所有其他有分參與帶領敬拜的人，都不過是聖靈的助手而已。敬拜的成功與否，要看的是，聖靈是否可以自由地帶領整個敬拜，而沒有受到任何人為的約束。另一方面，參與敬拜者不是憑感覺或感受進入敬拜，他們乃是在被聖靈的支配下進入敬拜。個人的感覺並不重要，重要的是，參與敬拜者是在聖靈的充滿中進行敬拜，這就是成功敬拜的指標。這種敬拜，乃是完全以上帝為本位的敬拜。

註釋：

1. Ben Witherington III, *We Have Seen His Glory: A Vision of Kingdom Worship* (Grand Rapids/ Cambridge: Eerdmans, 2010), x；文字的強調為筆者所加。
2. Gordon D. Fee, *God's Empowering Presence: The Holy Spirit in the Letters of Paul* (Peabody, MA: Hendrickson, 1994), 883, 884 n.13；另見 Gordon D. Fee, *Paul, the Spirit, and the People of God* (Peabody, MA: Hendrickson, 1996）, 154。
3. R. P. Martin, "Worship," in *ISBE* 4:1117～1133.
4. Martin, "Worship," 4:1132；而「聖靈的磁場」一詞乃是借用自W. C. van Unnik, "*Dominus Vobiscum*," in Angus J. B. Higgins, ed., *New Testament Essays* (Manchester: Manchester University Press, 1959）, 294。
5. Ralph P. Martin, *The Worship of God: Some Theological, Pastoral, and Practical Reflections* (Grand Rapids. MI: Eerdmans, 1982), 174；文字的強調為筆者所加。
6. Fee, *Paul, the Spirit, and the People of God*, 154.
7. 這裏基本上是取材於《新標點和合本》的翻譯，筆者只是在加底線的地方，按照更恰當的意思來翻譯而已。這亦是下文所提到的學者所接納的一種譯法。
8. Witherington III, *We Have Seen His Glory*, 6.
9. Craig S. Keener, *The Spirit in the Gospels and Acts: Divine Purity and Power* (Peabody, MA: Hendrickson, 1997), 154.
10. Witherington III, *We Have Seen His Glory*, 15.
11. 《新標點和合本》譯作：「被聖靈感動」;《聖經新譯本》譯作：「在靈裏」;《呂振中譯本》譯作：「在靈境中」。
12. Witherington III, *We Have Seen His Glory*, 17.
13. 另參使徒行傳十三章1至3節，那裏也是提到信徒是在聖靈中敬拜的例子。
14. 費依（Gordon Fee）的看法是，「敬拜」應譯作「事奉」，見 Fee, *God's Empowering Presence*, 752。
15. Martin, *The Worship of God*, 20.
16. Witherington III, *We Have Seen His Glory*, 63.

敬拜與教會生活

7

崇拜、神學與倫理的三而一關係

趙崇明

一 引言

相信在不少信徒的心目中，崇拜、神學與倫理分別屬於三個不同的領域。神學屬於最深奧、最抽象的形而上學的學術範疇，它只是神學家有興趣染指的研究課題，一般信徒都對此感到高不可攀，亦覺得沒有太大的實用價值，對培育屬靈生命似乎沒有直接的益處，於是大多數信徒對神學不感興趣。

至於倫理學和崇拜學則屬於實踐的範疇，也許對大多數信徒而言，前者關心的是有沒有一套合符聖經而又放諸四海皆準的道德原則，可供信徒作道德行為抉擇時的標準。後者關心的是個別信徒跟上帝之間的屬靈關係，以及信徒個人的靈性生命，崇拜只是屬靈的事，跟世俗社會的屬世事情似乎沒有太大的關係。

本文卻嘗試改變讀者以上的偏見，指出崇拜、神學與倫理並非各不相干，其實它們之間有互相重疊和互相建構的地方，目的是要展示它們之間那三而一的密切關係，從而打破那種屬靈與屬世、理論與實踐、私有與公共二分的迷思。

二 崇拜與神學的關係

1. 教義在敬拜的實踐中形成

也許我們以為先有教義，然後才有敬拜的生活。但教會歷史告訴我們，事實上一些教義是在初期教會的敬拜實踐中逐漸形成的，甚至可以說，敬拜在構成和塑造基督教教義的內容上扮演重要的角色。例如尊主頌（路一 46 ~ 55）、撒迦利亞頌（一 68 ~ 79）、大榮耀頌（二 14）、西面頌（29 ~ 32 節），全都是初期教會崇拜時用的詩歌，在列入聖經前已被頌讚；又如腓立比書二章 6 至 11 節，亦是初期教會崇拜時頌讚基督用的詩歌，日後成為教會歷史上建構基督論其中一段很重要的經文；又如初期教會在敬拜時一直有向耶穌祈禱的習慣，後來亞他拿修（Athanasius）就是用這種敬拜生活中的禱告實踐來說明耶穌的神性，並藉這種基督論的觀點來反駁亞流主義（Arianism）的異端；又如根據主後一世紀左右寫成的〈十二使徒遺訓〉論及洗禮的記載：「論到洗禮，當這樣做：⋯⋯然後到流動的水裏『奉聖父聖子聖靈的名施洗』（太二十八 19）⋯⋯若是涼水和溫水都沒有，就可以三次用水注在頭上，奉聖父聖子聖靈的名去做」。[1] 這反映了奉三個位格的名施洗的禮儀，在當時教會已算流行，亦成為日後建構三一論很重要的依據。這也證明了並非先有關於三一論和聖禮的教義，然後才有洗禮的實踐；現實上的先後次序其實是剛剛相反的。

克拉普（Rodney Clapp）在《非凡的凡民——教會在後基督教世界中的文化身份》（*A Peculiar People: The Church as Culture in a Post-Christian Society*）中亦指出，在古代的基督教世界裏，正統（orthodoxy）原本是指到「正確的讚美」或「正確的崇拜」，初期教會的神學是在崇拜禮儀的羣體活動中產生的。[2]

> 早期的基督徒不論在住宅、廣場、祭壇或墳場，都以禮儀的方式會面。崇拜可以鬧哄哄地從大教堂湧流到各城各鄉的街頭巷尾。正如卡瓦納（Aidan Kavanagh）所說，在這環境下，崇拜便是神學——是「認識神」的重要方式。基礎神學不存在於學者的研究之中，而是在禮儀裏面，即是羣體的工作裏面。基礎神學不是對神思索反省，而是與神相遇相交。在這樣的背景下，神學是屬於平民百姓的，是由普通人來踐行，而不是由學術上的精英來實踐。神學也是公有的，是在羣體中踐行出來，而不是獨自的研究。神學是日復日、周復周、年復年的日常事務，是大眾共同進行的禮儀操練。[3]

克拉普說，其實隨著印刷機的出現，神學才變得愈來愈理論化和學術性，將本來是神聖事件的上帝的道，變成神聖的印刷文字，[4] 神學亦逐漸跟集體崇拜和禮儀慶典疏遠。

2. 三一神學與榮耀頌

使徒所流傳給初期教會的信仰，除了透過〈使徒信經〉和一些古代文獻（如〈十二使徒遺訓〉等）保存下來之外，同時也用頌讚的方式表達出來。當中最著名的莫過於《榮耀頌》（*Gloria*

Patri）、《榮耀主頌》（*Gloria in Excelsis*）和《讚美頌》（*Te Deum Laudamus*）。《榮耀頌》於教會初期便已存在，主要在洗禮時唱頌，結合奉父子靈的名施洗的禮儀，用作表達對三一上帝永恆同在的信仰宣認，後來東、西方教會都會在崇拜時唱頌《榮耀頌》，直到今日仍然如是。至於《榮耀主頌》和《讚美頌》則在較後期形成，有人估計成於四世紀左右，均用於教會崇拜中唱頌，跟《榮耀頌》一樣，同樣反映了對三一上帝的敬拜和頌揚。馬丁．路德（Martin Luther）更將《讚美頌》提升到僅次於〈使徒信經〉和〈尼西亞信經〉的地位，具有宣認純正三一上帝信仰的功能。

在《韋斯敏斯特小問答》（*The Shorter Catechism*）中，肯定「人的首要目的是在榮耀上帝（羅十一36；林前十31），永遠以祂為樂（詩七十三24～26；約十七22、24）」。人的一切生活都以榮耀上帝為目標，榮耀上帝自然也是基督徒崇拜生活最重要的目的和意義，所以一般教會都會以《榮耀頌》（*Doxology*）作為崇拜的結束和高峯，而基督徒一生最重要的事奉，亦莫過於敬拜和榮耀上帝。

然而，聖經曾如此記載耶穌的話：「父啊，時候到了，願你榮耀你的兒子，使兒子也榮耀你……我在地上已經榮耀你，你所託付我的事，我已經成全了。父啊，現在求你使我同你享榮耀，就是未有世界以先，我同你所有的榮耀」（約十七1、4～5）。原來於我們在崇拜中，藉著唱詩和祈禱將榮耀歸給上帝之前，三一上帝自己首先已經將榮耀互相歸給對方。不過這種在未有世界以先三一上帝已經共有的榮耀，卻是在耶穌被釘於十字架的時候再次被啟示出來，因為那就是「人子得榮耀的時候」（十二23），也就是聖父託付給聖子的事已經成全的時候。三一上帝在永恆裏享有的榮耀，竟然是透過聖父藉著聖子在十字架所完成的經世救贖事件啟示出來，當然這啟示的福音真理，最終也要藉著真理的聖靈來到，由聖靈來榮耀耶穌，將所聽見的都說出來，才能使我們明白真理（參十六 12 ~ 15）。由此可見，三一上帝的經世活動（economic act），使上帝在永恆裏的榮耀具體地落實於人世間和地上的教會，而信徒也是主要基於此經世救贖工作而將榮耀頌讚歸於三一上帝。[5]

在著名的《英國教會會議報告》（*The British Council of Churches Report*，簡稱"B.C.C. Report"）中，有兩段文字亦清楚列出崇拜與三一神學的關係：

> 我們大部分人都是在我們的崇拜中意識到三一的教義。我們所有人歌頌的聖詩都是向著獨一上帝的三個位格而唱的，而且在更多的禮儀傳統中，我們都會以歸於聖父、聖子和聖靈的三重榮耀來結束我們以詩篇和雅歌的獻唱。[6]

> 對具有三一論特色的敬拜，可以有幾種不同方式的理解：透過聖靈藉著聖子向聖父獻上敬拜；或向聖父、聖子、聖靈敬拜；或向那獨一的三一上帝敬拜。無論如何，所有的方式都同樣是要見證關係和共融的實在性。[7]

事實上，我們是從崇拜的實踐中經歷信仰，並從而認識三一上帝，而神學就是關乎三一上帝的知識。如果教義是在敬拜的生活實踐中逐漸形成，正好說明教義神學最終的任務不是別的，就是敬拜上帝，神學歸根究柢就是榮耀頌／三一頌

(Doxology)。如此說來，神學便是一種踐行的智慧(wisdom of praxis)，也就是「信仰尋求理解」(faith seeking understanding)的意思。

三 神學與倫理的關係

1. 現代理性主義主導的倫理學

毫無疑問，倫理學關注的是善惡的問題。不過大部分人馬上就將上述的善惡指涉到行為方面，於是便主張倫理學的任務，就是要思考有甚麼道德標準，以及幫助人如何在道德規範的指示下行善去惡。在現代理性主義的影響下，甚至以為可以憑著人的批判理性，便能夠找到一套放諸四海皆準的道德原則或規範，然後透過這種具普遍性的道德標準，理性地判斷和界定甚麼行為應該做，甚麼行為不應該做，最終顯示出人的這種自主和自律理性具有無上的權威和地位；不但理性為自然立法，更為道德立法，理性成為人這個道德主體在倫理實踐中的基礎。然而，由於人對抽象理性的能力抱持過度樂觀的態度，卻未能誠然面對具體世界和人生世情的處境性、獨特性和複雜性，因此這種倫理學只會是一種脱離現實的一刀切的道德絕對主義。

事實上，這種現代理性主義所主導的倫理學，在當代西方倫理學界已經受到不少批評，麥金泰爾(Alasdair MacIntyre)就是其中一個代表。在其《追隨德性》(*After Virtue*)一書中，他主張倫理學應該離開啟蒙運動理性主義的制肘，回歸亞里士多德(Aristotle)做倫理學的舊路，從而提出並開拓了德性倫理學(virtue ethics)的當代發展路向。

2. 侯活士、潘霍華和巴特論基督教倫理學與神學的關係

A. 侯活士

侯活士（Stanley Hauerwas）受麥金泰爾的影響，主張基督教倫理學應該是一套注重德性的品格倫理學（ethics of character）。首先關注的應該是「我是（或成為）一個怎樣的人？」其所關心的是道德踐行者的為人和品格，故此這是關乎道德踐行者的存有（being）或整體生命的問題，而不是首要關心「我應該做甚麼（或有甚麼行為）？」這類屬於行動（act）抉擇的問題。或者說，是成為善（being good）而並非僅僅行善（doing good），前者更應該是後者的存有論基礎（ontological ground），因此是以品格為生命定方位，以德性為道德的行動作嚮導。

由此可見，基督教倫理學所涉及的，其實就是教義神學中有關人論的問題，而事實上，基督徒對自己存有及人性的認識，固然亦必須設定在對上帝的認識的大前提下才有意義。故此，基督教倫理學和神學的關係猶如一個錢幣的兩面。侯活士亦如此說：

> 如果神學的信念乃旨在理解這世界——即如果神學的信念帶有踐行性論述的特性——那麼神學從一開始就牽涉到倫理學，而不是要留待到最後才作出考量。[8]

> 基督教倫理學是位於神學任務的中心，因為神學是一踐行的活動，並要展示出基督教的信念如何理解自我和世界。因此，那些關乎創造和救贖的神學主張，本身已是倫理的主張，因這些主張會確定一個人如何運作。[9]

對於倫理學與神學的分家，侯活士絕不認同，他指出這種分家只會帶來不幸的後果。他甚至直接承認，基督教倫理學其實就是神學。[10]

B. 潘霍華

倫理也是潘霍華（Dietrich Bonhoeffer）最關注的課題，在《倫理學》（*Ethics*）一書中，他首先指出基督教倫理學跟一般倫理學的分別：

> 善惡的知識似乎是所有倫理反思的目標，基督教倫理學的首要任務正是要令到這種知識無效……基督教倫理學聲言就是要探討倫理學整體問題的根源，並由此宣稱是對僅僅作為倫理學的所有倫理學的一種批判。[11]

以上的定位是源於潘霍華在《創世與墮落》（*Creation and Fall*）中對原罪的理解，始祖吃分別善惡樹的果子，意味著人的妄自尊大，想代替上帝作辨別道德的基礎，這就構成原罪的出現，因而一般倫理學所追求的分別善惡的知識，即「我的道德行為的抉擇是對或錯，善或惡？」這類的知識，恰好就是一種背叛上帝的知識。故此，潘霍華認為，基督教倫理學跟世俗倫理學所關注的不但截然不同，前者更應對後者作出批判，甚至要宣稱後者為無效的知識。用尼采（Friedrich Nietzsche）的說話，基督教倫理學應該是一種「超越善惡」（beyond good and evil）的倫理學。[12]

潘霍華卻以「位格」觀念（concept of person）作為基督教倫理學的核心思想，「位格」觀念就是一種強調他者的優先性（the priority of the other)的我—你關係(I-Thou relation),而「位格」觀念又必然以基督論(Christology)為基礎。耶穌基督就是那位順服上帝(他者)的旨意,以及全然捨己為他者而活的存有。故此,基督教倫理學首先要問的,應是下述的問題:「我是誰?」「我是一個怎樣的位格性(或社羣性)的存有?」「上帝對我有何旨意?」「我如何成為追隨基督的門徒?」「基督如何藉著信仰的羣體(教會)塑造我的品格而成為社羣性的存有?」如此說來,潘霍華跟侯活士有近似的主張,基督教倫理學的重心,乃是關乎道德踐行者的存有(being)的問題,即是關乎道德踐行者如何順服上帝的旨意,以及其品格如何在基督裏被塑造的問題。由此可見,潘霍華的倫理學必然是一套基督論式的神學倫理學,他同樣肯定倫理學與神學之間存在非常密切的關係。

C. 巴特

至於巴特(Karl Barth),也有類似潘霍華的看法。首先,他亦指出基督教倫理學跟世俗倫理學截然不同,尤其是對那些承認自己擁有自主理性的人而言,世俗倫理學一般都主張,人類可以藉著自己的理性或良知,去為善惡的行為尋找可供辨別的道德原則或標準,正如巴特所言:「他們(筆者按:指人類)希望自己好像上帝一樣,希望單靠自己(像上帝一樣)就能知道甚麼是善是惡。因此,他們希望由自己給予屬於他們自己的答案。」[13] 一般世俗倫理學講的是自律道德,基督教倫理學講的卻是他律道德。

對巴特而言,基督教倫理學的核心是上帝的命令(the command of God),善惡的標準並非由人的理性經驗和良知去決定，而是由上帝的命令去決定，所以對人的倫理要求，就是要人被動地順服及遵行上帝的諭令。

當然，這種順服上帝命令的倫理要求，必須首先建立在上帝在基督裏(即上帝的道)的啟示這基礎之上。然而，上帝在基督裏的啟示顯示了甚麼？這啟示顯示了上帝在基督裏的揀選和上帝跟人類存在立約的關係，毫無疑問，這表明了上帝賜給人救贖和復和的恩典。故此，順服上帝命令的倫理要求，並非一種強加於人的獨裁和無理的要求，而只是人對上帝揀選和救贖的恩典應有的回應，如此，上帝的命令就是以恩典形式出現的命令，也是要使人離罪成善得自由的命令。何況，因著上帝已經揀選了基督成為人，作為完全的人耶穌，一生就是被動地順服及遵行聖父上帝的命令，祂已經在世上實踐了順服上帝命令的倫理要求，亦完全盡了自己的責任，亦由於此，上帝已經在基督裏成為向人完全負責任的上帝。

由此看來，人的道德踐行只是三一上帝的存有和行動的結果。故此，對巴特來説，上帝的道、上帝揀選的恩典、救贖和復和的教義，必先於以上帝命令為核心的倫理學，事實上《教會教義學》(*Church Dogmatics*)的第二卷和第三卷(第四卷未完成)均以「上帝的命令」作結束，全書四卷的教義學結構，亦明顯展示了從神學到倫理學的進路所構成的內容，巴特似要清楚闡明，人類的道德踐行，必須接受基督徒上帝觀的規範和決定，正如碧加(Nigel Biggar)對巴特的倫理學如此的論述：「教義學必然是倫理學的根源，而倫理學必然是由教義學開出的花朵。」[14] 這可見倫理學與神學之間的密切關係。

四 崇拜與倫理的關係

1. 初期教父看崇拜與倫理的關係

教父俄利根(Origen)曾教導我們，將生命中的所有呈獻給上帝的就是祈禱和敬拜。俄利根的意思其實是要指出倫理與崇拜的密切關係，當初期教會的基督徒因拒絕向羅馬君王獻祭而殉道時，一種向三一上帝真正敬拜的行動便馬上發生了。又當富有的基督徒能將他們的物質財富視為一份被賜予的禮物，且又明瞭這禮物是需要用在貧窮人的福祉之上時，則他們的奉獻就是祈禱和敬拜了。事實上，初期教會的教父，在思想倫理的課題和實踐道德的行動時，基本上都是建基於每天恆常的禱告和敬拜的生活實踐之中。[15] 因為「你們或吃或喝，無論做甚麼，都要為榮耀上帝而行」(林前十 31)。也惟有在崇拜和祈禱裏，我們才能知道上帝的旨意和對我們的倫理要求。

2. 藉崇拜塑造信徒進入立約的倫理關係

若按照巴特和潘霍華的講法，基督徒的倫理無非是對上帝的命令和旨意(即上帝的倫理要求)作出順服的回應，由此可見，基督教倫理學必須建立在上帝與人的立約關係之上，基督教倫理就是關乎神人立約關係的倫理。而這種立約關係的呈現和實踐，似乎又明顯地跟崇拜生活息息相關。布格曼(Walter Brueggemann)在《古以色列的崇拜》(*Worship in Ancient Israel*)中，就清楚說明古以色列的崇拜正是立約關係倫理的實踐：

> 舊約談到關係，而此關係又用「約」來呈現，因此嚴格來説，以色列的崇拜就是「約的實踐」。由於以色列接

> 受並確認約，維持並堅守約，而且在約遭受破壞時，想辦法恢復約，使約再次活起來，為了達到以上目的，便使用了各式不同的感恩和順服的行動，使用臣服和忠實的姿勢，使用確認和讚美的語言。[16]

換言之，透過崇拜，不斷塑造信徒學習如何進入和活在與上帝立約的倫理關係之中。

故此，崇拜的程序及內容，就應該朝著這種與上帝立約的倫理關係的向度來設計。整個崇拜的定位，必定要以上帝為中心、為首要的基礎。在崇拜的程序中，首先要確立的是上帝與人的立約關係，包括上帝對人的説話（內含上帝的命令與旨意），以及人對上帝的回應（內含人對上帝的頌讚、認罪、祈求、奉獻、遵行上帝的話和各種感恩的行動）。然後就是建立崇拜羣體中信徒之間的橫向關係。最後就是信徒受差遣進入世界，跟其他人、社會、大自然建立正確和理想的關係。總括而言，崇拜就是促成上帝與人、人與人、人與世界之間倫理關係的復和。

3. 禮儀和倫理的關係

舊約時期，上帝透過割禮去建立、並透過獻祭去維持與人立約的關係。到了新約時代，則透過割禮所預表的洗禮（西二11～12），使我們藉著耶穌基督的死與復活，進入與上帝另立的新約當中。並且透過崇拜和獻祭（聖餐禮可被視為感恩祭）的禮儀，去維持上帝與人立約的關係（參羅十二1～2）。

崇拜的禮儀延續耶穌基督使人與上帝關係復和的中保工作，道成肉身的拯救在歷世歷代的崇拜禮儀中延續下去。如約瑟夫森(Ruben Josefson)所說:「道成肉身就在教會中藉著話和聖禮繼續下去。」[17] 崇拜中有聖道和聖禮,它們都是上帝的道,前者是不可見的道,後者是可見的道。因此,當教會在崇拜中宣講聖道和施行聖禮的時候,正是聖父透過真理的聖靈在耶穌裏與我們同在,以祂的道來塑造我們的生命,並且讓我們在聖道和聖禮中經歷上帝的臨在,經驗與三一上帝立約的關係。正如約翰福音四章23節提到:「那真正拜父的,要用心靈和誠實拜祂。」一般以為這裏是指到敬拜者的心靈和誠實,英文聖經《新國際譯本》(New International Version)卻譯為"the true worshipers will worship the Father in spirit and truth",「心靈和誠實」應該譯為「在(聖)靈和真理裏」,因為父上帝是靈,所以惟有在真理(耶穌就是真理)裏面,才能夠幫助我們正確地認識聖父並敬拜祂,而且亦惟有聖靈能夠幫助我們正確地認識真理。故此,真正的崇拜,必須以三一上帝為中心,而不應以人為中心。整個敬拜的過程,都是三一上帝主動的工作,敬拜者只應被動、順服耶穌和真理的聖靈的指導來敬拜。也惟有在這種被動和順服真理的敬拜中,我們才能夠進入與上帝立約的關係裏面。[18]

毫無疑問,羅馬書十二章1至2節是用獻祭禮儀的語言來談論信徒的倫理的,羅馬書一至十一章基本上是講因信稱義和惟獨倚靠上帝恩典這重要的福音信息,跟著十二章開始就提到領受救贖恩典之後的信徒應該如何回應(response),以及作門徒實踐信仰生活的責任(responsibility)。正如經文提到,由於信徒經歷了上帝救贖的慈悲,所以保羅勸勉他們要「將身體獻上,當作活祭」,即將自己的生命當為活祭呈獻給上帝,這就是一種捨己順服付代價的事奉生命,然後保羅補充一句,這是理所當然的事奉，捨己不是甚麼偉大的事情，而是一種應有的倫理責任。

然而，這種門徒事奉的倫理責任跟敬拜有何關係？留意經文「你們如此事奉」當中「事奉」二字，英文聖經《新標準修訂譯本》（New Revised Standard Version）和《新國際譯本》都譯為"worship"（敬拜），事實上，在聖經裏面，很多時「事奉」和「敬拜」是同義詞，在希伯來人的宗教傳統中，「事奉上帝」和「敬拜上帝」兩者是不能分割的。因此，在保羅眼中，信徒將自己的生命當作聖潔和上帝所喜悅的活祭呈獻給上帝，就是一種敬拜上帝的方式，猶如舊約時代以色列人將祭牲獻給上帝一樣。[19]

然而，在舊約聖經中，上帝一方面既要求人獻祭；但另一方面又不悅納人的獻祭和崇拜（摩五 21～24；何六 6；彌六 6～8）。上帝是否出爾反爾？祂是否教導人做社會服務比崇拜更重要？祂為何不悅納人的獻祭和敬拜？上帝固然不會否定人的敬拜生活，祂豈不是說過：「喜愛認識上帝」（何六 6）；「存謙卑的心，與你的上帝同行」（彌六 8 下）麼？其實，這主要是由於上帝不悅納以色列人徒有外表的宗教行為，卻沒有活出「行公義，好憐憫」這種真正合上帝心意的倫理生活而已。由此足以確定，崇拜絕不應該跟倫理脫節，反而藉著獻祭的敬拜禮儀，目的是要塑造我們活出上帝所要求的行公義和好憐憫的道德生活。[20]

4. 崇拜與日常生活的關係

不少人會將主日崇拜視為屬靈的活動，跟平日的工作、娛樂、政治、商業的屬世生活分別開來，各不相干，甚至將崇拜當作一種「逃離」日常生活的手段，藉著祈禱唱詩聽道領聖餐來尋求屬靈的宗教經驗，讓靈魂親近上帝，不問人間世事。

克拉普卻大力反對以上這種將崇拜「屬靈化」和「私有化」的觀點，他反而認為崇拜乃是為了裝備基督徒能夠進入大眾社會的公共空間而設的。他如此說：

> 所有禮儀都與宣教、與我們的世界有關的，而且不僅僅在星期日，也包括星期一至六。教會是為了世界而存在……崇拜教導我們、塑造我們，要我們藉著耶穌的故事而生活，好叫其他人（甚至整個世界）都學懂按著真理整全地生活。[21]

> 禮儀本身是要求我們將世界帶進教會，也要求教會走進世界之中。東正教對宣教的說法很有見地：「禮儀之後的禮儀。」讓我再次引用最早期基督徒的語言：*leitourgia*，那是指聖殿中的事奉，但也是指基督徒羣體持續的日常生活。宣教是星期一到星期六的「羣體工作」，那是仿照第一天（星期日）的「羣體工作」而塑造出來的。所謂宣教和見證，是指每天按著一個異象而生活，而那異象主要是我們聚集一起崇拜時強烈領受到的。[22]

信徒被召聚集在教會崇拜，領受從上帝而來對世界的異象，生命亦被造就，然後再出去以生命見證天國的另類文化。如克拉普所言：「禮儀就是政治；那是基督徒政治的實踐，是呼召我們根據它來判斷其他所有政治。」[23] 故此，有怎樣的崇拜，就有怎樣的教會和信徒，平日的日常生活乃是崇拜的延伸。

唐慕華（Marva J. Dawn）也有類似的看法，在其討論安息日的書中，她提議我們學習嘗試被安息日的美所吸引，因為安息日能讓我們享受上帝創造性的美，並塑造我們欣賞美的能力，若我們願意將一天分別出來專注於美，後果會是令到我們在其餘六天更留意美，更能欣賞美，更享受美，於是使生活變得更美麗，由此，便可以形成一套安息日的生活美學。[24]

由此可見，主日崇拜與平日的日常生活不但不能分割，崇拜甚至支撐著信徒的整體生命，即以上帝的真理，不斷地塑造著信徒的品格，幫助信徒認識世界的真實本相，拆毀和重建基督徒的價值觀。

五 結語

毫無疑問，文化的理想和目標乃是對真、善、美的追求和體現，基督教信仰亦如是。如果教義神學所探求的，乃是對上帝這真實和真理的認識，基督教倫理學關心的便是對善的踐行，而崇拜（包括靈修）所蘊含的就是對美的表達、欣賞和體現了。真、善、美三者並非人生當中三個各不相干的領域，而是互相建構和彼此成全的整體。

既然如此，敬拜、神學和倫理亦不會各不相干。因為如果神學就是在信仰中尋求理解，那麼，神學就是始於對上帝的祈禱和敬拜，在敬拜中以理性、意志、感情和各種感官經驗來經歷和回應上帝的榮美，神學就是對敬拜生活踐行的反省與沉思；有了一套神學，然後再繼續神學地敬拜，同時上帝的道又會在敬拜中不斷神學地塑造我們的德性與品格，並在生活中踐行出來，然後又再次在信仰的踐行中尋求理解。如此下去，敬拜、神學和倫理便形成一種詮釋循環的互動及三而一的關係。

註釋：

1. 〈十二使徒遺訓〉，載《基督教早期教父文獻選集》，章文新編（香港：基督教文藝，1976），頁 267。
2. 克拉普（Rodney Clapp）：《非凡的凡民——教會在後基督教世界中的文化身份》，陳永財譯（香港：香港基督徒學生福音團契，2010），頁 126～127。
3. 克拉普：《非凡的凡民》，頁 126。
4. 克拉普：《非凡的凡民》，頁 127。
5. 參 John Thompson, *Modern Trinitarian Perspectives* (New York/Oxford: Oxford University Press, 1994), 101 ～ 104。
6. *The Forgotton Trinity. The Report of the B.C.C. Study Commission on Trinitarian Doctrine Today* (London: British Council of Churches, Inter-Church House, 1989), vol. 2, 5.
7. *The Forgotton Trinity. The Report of the B.C.C. Study Commission on Trinitarian Doctrine Today*, vol. 1, 3.
8. 侯活士（Stanley Hauerwas）：《和平的國度——基督教倫理學獻議》，紀榮智譯（香港：基道，2010），頁 91。
9. 侯活士：《和平的國度》，頁 92。
10. 參侯活士：《和平的國度》，頁 1～16，90～92。
11. Dietrich Bonhoeffer, *Ethics* (New York: Collier Books, 1986), 17.
12. Stephen Plant, *Bonhoeffer*. (London/New York: Continuum, 2004), 49 ～ 42; 114～117.
13. Karl Barth, *Church Dogmatics* II/2, ed. G. W. Bromiley and T. F. Torrance (Edinburgh: T&T Clark, 1957) , 517.
14. Nigel Biggar, "Barth's Trinitarian Ethics," in *The Cambridge Companion to Karl Barth*, ed. John Webster (Cambridge: Cambridge University Press, 2000), 223.
15. 參 Christopher A. Hall, *Worshiping with the Church Fathers* (Downers Grove, IL: InterVarsity Press, 2009), 12。
16. Walter Brueggemann, *Worship in Ancient Israel: An Essential Guide* (Nashville,

TN: Abingdon, 2005), 8；轉引自張玉文：〈崇拜：「正確」的關係——一個信義宗的觀點〉，《山道期刊》卷十一第一期（2008 年 7 月），頁 60。

17. 約瑟夫森（Ruben Josefson）：《路德的聖洗觀》，王敬軒譯（香港：道聲，1978），頁 85，52；轉引自張玉文：〈崇拜：「正確」的關係〉，頁 63。
18. 參張玉文：〈崇拜：「正確」的關係〉，頁 63～64。
19. 關於對保羅在羅馬書十二章至十五章所反映的敬拜觀的詳盡分析，可參考岑紹麟：〈作活祭：從羅馬書十二章一節至十五章十三節看保羅的敬拜觀〉，《山道期刊》卷十一第一期（2008 年 7 月），頁 37～56。
20. 參張玉文：〈崇拜：「正確」的關係〉，頁 61。
21. 克拉普：《非凡的凡民》，頁 122。
22. 克拉普：《非凡的凡民》，頁 123。
23. 克拉普：《非凡的凡民》，頁 130。
24. 參唐慕華（Marva J. Dawn）：《俗世中的安息日操練》，陳永財譯（香港：香港基督徒學生福音團契，2003），頁 160～187。

8

靈恩派[1]的敬拜觀對福音派影響的初探

張天和

一 引言——教會敬拜模式的轉變

「崇拜乃教會生活的核心」，[2]這是信徒羣體向世界表達他們與其他社團組織不同的一個特別時刻，[3]也是教會非常重視的信徒活動。

自九十年代中開始，香港的教會對主日崇拜的改革愈來愈重視。隨著各宗派舉行大型的敬拜讚美聚會，且推行不同的敬拜訓練，便揭開了教會敬拜模式轉變的序幕。一九九九年十月三十一日出版的《時代論壇》第六三五期有以下的描述：「崇拜是基督徒教會生活重要的一環，近年來香港人的生活形態轉變，生活節奏加快，加上科技、文化衝擊，令我們的崇拜生活也產生了變化，有些教會亦放棄傳統的敬拜模式，在崇拜中加入現代化的元素。」[4]

美國有一個組織「你的教會」（Your Church），在一九九三至一九九九年進行了三次對教會崇拜模式的調查。據調查報告指出，當時在美國教會中，每十間就有四間採用「複合型敬拜模式」(blended worship)，[5] 參加這些教會主日崇拜的人，佔了所有參加主日崇拜的會眾的百分之四十六。不過，以現代詩歌敬拜的教會，仍較以傳統詩歌或複合型敬拜模式的教會為大，增長也較快。[6] 近年在華人教會的調查中，也有近似的現象。[7]

在這些轉變當中，表達了他們對敬拜不同的理解。如香港學園傳道會大使命敬拜讚美運動總監霍志鵬先生認為：「所謂新興的敬拜讚美聚會，是強調信徒個人主動地在敬拜中與神直接的相遇，藉著現代音樂的元素，令參與者深刻感受神的同在……詩歌歌詞亦常用你來稱呼神……縱然有萬人聚集在一起，也毋須跟隨完全相同的步驟和程序……而主領者也不會發出強烈的指令……」[8]

在六三五期的《時代論壇》中，有一個以「教會敬拜生活的前瞻」為題的訪問，代表崇真會的羅祖澄牧師、浸信會的馬健明牧師和張志成先生，分別發表了他們對教會敬拜模式的看法，他們不約而同地認為，適切會眾的需求和期望是教會敬拜模式轉型的原因，教會年輕化、現代人著重經歷、會眾的接納等轉變，帶領他們跨進新的敬拜模式。故此，他們不斷創新崇拜的流程，甚至會唱流行歌曲來增加會眾的興趣。[9]

在另一篇名為〈當代靈恩現象辨識〉的文章中，論者提及敬拜的更新時說：「近代靈恩運動的敬拜將傳統靜態的崇拜聚會變成充滿動感和感動的敬拜(motion and emotion)，摒棄傳統的西方聖詩，選用的大都是六十年代以後的創作短歌。將傳統以講道為主的崇拜，轉為以短歌讚美為主的敬拜。這種敬拜的形式已逐漸被愈來愈多的非靈恩的教會所接受，而這些接受靈恩形式敬拜的教會大部分仍然維持自己宗派的信仰不變，在敬拜聚會中亦沒有方言和神蹟奇事的彰顯。」[10]

從這些現象及對這些現象的理解，説明了傳統詩歌敬拜確是漸漸被教會摒棄，現代詩歌敬拜模式已慢慢滲入教會，並為會眾所接納。不論是甚麼原因令教會有這些轉變，轉變的確在進行中。筆者發現，今天教會多著眼於模式上的轉變，卻少談論這些轉變背後是反映著怎樣的一套敬拜觀念，也因此在討論這課題時，多對這種模式作出評論，甚至批評，[11] 卻少反省其敬拜觀對教會之啟迪。赫士德（Donald P. Hustad）在《當代聖樂與崇拜》（*Jubilate II: Church Music in Worship and Renewal*）一書中這樣説：「靈恩派敬拜方式的興起，是基於神學與儀式的理由」。[12]

因此，筆者嘗試從個人對靈恩派敬拜觀的了解及個人在靈恩派敬拜中的一些體會，去探討靈恩派的敬拜對福音派教會的影響及啟迪。

二 「自由教會」與「靈恩派」的崇拜傳統

1. 自由教會的崇拜傳統

自由教會（free church）[13] 並非單指體制上的自由。自由教會的特點是他們在篤信唯獨聖經的信仰，堅持以最按字面的詮釋來服從聖經，故此對信仰及其執行有較自由的演繹——由教會體制、管理、信仰重點的強調以至禮儀的執行，皆表現其自主性。[14] 他們強調信仰是建基於上帝在聖經中的啟示，不應拘泥於對「信經」的字義表述。

自由教會又認為，人毋須中介而可以接觸上帝，因而毋須人為的條件，如聖禮、禮儀或特別職事等，因此，他們可以極端的說聖禮或正式的崇拜都不是必須的。[15] 他們會認為，「聖靈才是真崇拜的規則」。[16] 由於他們不滿當時宗教禮儀過分僵化，因而注重較為靈活的敬拜，好像在十七世紀歐陸出現的敬虔運動（Pietism）就是最好的說明。[17]

其實，自宗教改革運動以後，教會在崇拜方面作了兩類的回應：

1. 受加爾文（John Calvin）和慈運理（Ulrich Zwingli）的立場影響，使崇拜的重點由禮儀的神祕性轉變為對講道的重視。聖禮中所有的神祕成分皆被否定，在這些傳統下，詩歌變成陳述信仰內容和教義的工具，講道取代了聖禮成為整個崇拜的核心，而崇拜的其他部分皆變為了輔助講道而有的元素。事實上，自由教會的崇拜既然不受傳統任何元素約束，它就變得在不同教會內沒有一致既定的形式。其特點則成為信徒直接從讀經中得著上帝的啟示，在信徒皆祭司的主張上，變成無論何人都能直接地參與事奉。
2. 承襲浪漫主義之風，崇拜注重經驗、情感，以宣揚基督救恩的恩情。此乃著重於信徒個人的重生經歷：崇拜中的個人經驗和每日與主同行的生活。[18] 近代奮興家芬尼（Charles G. Finney）[19] 將奮興運動的講道方式，從室外大型的佈道會移進教會崇拜中，強調人的情感需要被鼓舞、激勵，以便使人們的靈魂蘇醒，更接納福音與聖靈的降臨。[20] 他以優秀的口才傳道，讓會眾有更深的屬靈基礎。[21] 故此，其實在十八至十九世紀，這種類似我們所說「尋道者崇拜」（seeker sensitive service）[22] 的崇拜觀便出現了。

   由於這些崇拜的場景多是當時的奮興佈道會，故也出現了一定的形式：如崇拜的內容以佈道為主、詩歌以兩段式（正歌及副歌）結構出現，會眾多重複地頌唱易於記憶的副歌部分，並以大型詩班製造佈道會所需之氣氛。事實上，這類型的崇拜聚會方式，隨著宣教士來到亞洲，也變成了一般宣教士所建立的教會的熟悉方式（甚或是法定方式）。

2. 靈恩派的崇拜傳統

一個有趣的現象：若說傳統福音派的崇拜較著重新約對崇拜的教導，以聖道宣講為中心；靈恩派的崇拜在氣氛和形式上可說是較傾向於舊約的，即著重敬拜者的參與及投入。

五旬宗的倡導者非裔傳道人西摩（William J. Seymour），他跟隨十九世紀循道衞理會聖潔運動的腳蹤，深信聖靈要在二十世紀破除不同種族間的隔閡。[23] 他在加州洛杉磯的阿蘇撒街佈道所（Azusa Street Mission）宣講關於五旬節的新信息，從而開展了五旬宗運動。[24] 聚會中，西摩容讓聖靈自由運行，會中多人經歷聖靈充滿，說出方言，得著醫治。[25] 說實話，西摩的事奉並非是要與教會和人對著幹，他的矛頭是指向「僵死了的形式和信條」，以「有生命力和實際的基督信仰」代之。[26]

那麼，在甚麼處境下最能體驗這種變革？崇拜在此佔了重要的位置，因為它被視為聖靈恩賜最明顯彰顯之處。

五旬宗的崇拜在形式與風格上各具風範，然而均強調即興、個人情感表達和全民參與。每位與會者透過敏銳於那「隨己意運行」的聖靈的引導，進入個人的屬靈體驗中，向上帝唱出新歌[27] 和靈歌。[28] 此說對很多其他教會人士來說是有相當困難的，因為這種崇拜好像失去了他們所持守的秩序（林前十四 26～40）。這是一個「聖靈自由運行」及「按程序進行」間的衝突。

其實，五旬宗崇拜的重點，相信是在於在崇拜中聖靈充滿所帶來人與上帝間的神祕契合。在《聖靈論：全球導覽》一書中有以下一段引文：

> 毫無懷疑地，（五旬節宗派）教會的主日崇拜……是設計來為密契相遇——與神聖（the divine）相遇的經驗——提供環境。這相遇是由神聖的即時臨在這感覺而傳達的。崇拜和祭壇/回應的基本禮儀，是特別要令會友敏感神聖的臨在，並刺激對上帝有意識的經驗……那些動作、禮儀行動和象徵都在這環境內發揮功用，藉此講述彰顯的臨在。[29]

因此，對於五旬宗派人士來說，崇拜是體會上帝臨在的另一種方式。他們的崇拜是自發性的有趣混合：屬靈恩賜的運用，以及專注於與上帝契合。聖靈不是崇拜的中心，乃是在聖靈的能力中，集中焦點在上帝和耶穌基督身上。五旬宗這種表達性的崇拜，常被其他教會稱為「動感與感動的崇拜」（motion and emotion）。[30]

然而，在新約和早期教會中，我們不能否認聖靈自由運行所帶來的神祕契合（羅十二章；林前六 17，十二章，十四章；弗五 19；西三 16），並由這種契合帶來的各種崇拜表現。相對於其他的崇拜傳統，五旬宗較為著重讚美，正如詩篇二十二篇 3 節所言：上帝以以色列的讚美為寶座。這種節慶式的讚美之焦點在於上帝的屬性、上帝的救贖恩典及上帝所帶來的醫治。

另方面，五旬宗著重經歷多於描述（詩三十四 8），大部分五旬宗教會認為經驗不能被知識及理解所取代。故此，五旬節派的音樂是較具創意和表達性較強的。崇拜中的禱告，基於對聖靈充滿的信念，多是個人而自發的。對五旬宗教會人士來說，寫下的禱告是不屬靈的表現。甚至個人的需要很多時也會在公禱中提出。作為禱告語言的方言與預言也是在這些情況下出現。

五旬宗崇拜中的講道通常是見證的延伸，其信念就是：如果上帝在我身上有這樣的工作，也會在你的身上如此工作。有時若敬拜和禱告的時間過長，甚至連講道也不需要，故此五旬宗崇拜不是以講台為中心的，而是以崇拜者為中心的。然而，在這些崇拜中，常有一種不成文的習慣和觀念：傳道人是整個聚會中最能感受聖靈工作的那一位，故此很多時，崇拜的進程便變得由他所控制，這也是為何五旬宗崇拜特別容易出現「明星」的緣故(當然，這亦要當事人有「魅力」和「恩賜」)。

其實，一直以來，五旬宗崇拜除了在概念上與福音派大部分教會不同外，在外在形式上實在沒有太大的分別，仍採用循道會的傳統詩歌。直至新一浪的「新五旬節運動」——靈恩運動在六十年代興起，強調崇拜的變革——才有較大的改變，出現了眾多嶄新的敬拜詩歌、讚美短詩和多了一些稱之謂「親密之歌」或「寧謐肅穆之歌」的敬拜詩，[31] 這些詩歌能讓與會者在崇拜中更無阻攔地在聖靈裏敬拜聖父聖子，建立親密關係。靈恩運動更重視由心而發和熱情的敬拜和讚美，短歌、新引進的樂器、敬拜隊、投影機等都是靈恩敬拜的結果。

對香港教會來說，此靈恩更新運動影響了現在被統稱為「敬拜讚美」的敬拜模式。此運動的崛起可追溯自八十年代，美國與韓國教會以自創流行曲式之短詩作為崇拜音樂，並掀起了教會改革崇拜風格之熱潮。他們秉持以賽亞書六十一章 11 節：「使公義和讚美在萬民中發出」之經文為基礎，[32] 號召基督徒展現共同敬拜的生活，從而經驗上帝的同在。

敬拜讚美是強調信徒個人主動地在敬拜中與上帝直接的相遇，藉著現代音樂的元素，令與會者深刻感受上帝的同在。[33] 由此可見，新興的敬拜模式，目的是要盡量幫助信徒直接和主動地敬拜上帝、禱告上帝，發出內心之情，是強調信徒之自主性、自發性。這種強調個人參與的敬拜，在集體敬拜中強調個人與上帝溝通和回應，是與靈恩派的崇拜傳統是一脈相承的。

總結靈恩派的敬拜傳統，有幾方面值得注意：(1)聖靈介入崇拜中讓敬拜者發揮其祭司職能；(2)敬拜涉及全人的參與，包括心靈、感情、意志和身體各個部分；(3)敬拜的進程是進入上帝同在和彰顯的進程；(4)敬拜提供了神聖臨在的場景。

靈恩派的敬拜是以上帝和耶穌基督為中心，卻又著重聖靈當下的工作。

三 靈恩派敬拜的中心體驗——神聖感

當龔立人談及靈恩派的特色，並引用米高韋加(Michael Welker)的觀點時便提及：「靈恩運動的成員強調他們經驗的真實和上主的臨在的力量……強調他們對羣體的醒覺，並在其中的新體驗」。[34] 經驗的強調是源於西方神學家士來馬赫(Friedrich Schleiermacher)，其立場與理性意志呈相反方向，即認為神學這理性的作業本質是經驗性的，因此神學的論述是為整理人在宗教中的經驗而產生的。[35] 他們重視士來馬赫的觀點，認為今天的信徒應重視以經驗為主的信仰表達。基於這種神學取向，上文已提及靈恩派敬拜的重點，乃在於崇拜中人與上帝之間的神祕契合，即人與神聖相遇。

一直以來，在討論有關「神聖」時，多從倫理及理性的一面去處理，《論神聖》(*The Idea of the Holy*)一書作者奧托(Rudolf Otto)認為，非理性的一面是「神聖」的原始含義，這才是真正作為宗教之本質的東西。他有這樣的描述：「因為這些理性概念根本不能窮盡神這一觀念，它們事實上指稱著某個非理性的或超理性的主體，而這些性質不過是這個主體的屬性(predicates)而已。」[36] 因此，神聖不是談及道德上的「聖潔」(holiness)，也不是一個理性的神學問題。

神聖乃是人內在的一種宗教性(religiosity)——這是宗教之為宗教之原因——通常發生在崇拜的場景中，其實質乃是一種「神聖感」(the sense of numinous)。[37] 這是人到達上帝面前的感受，因上帝是聖的(參出三～四章；代下五11～14；賽六章；啟一章等)，由此，人在其內心發出一種「受造感」(creature-feeling)，[38] 這種「受造感」會激發起一種畏懼，就是人感受到自身的渺小、一無所有。[39] 這種受造感是與生俱來的，是由於面對一位「完全的相異者」(the wholly Other)[40] 而有的回應。

若再進一步看，所謂「神聖」，不單在道德的層面，而是對上帝是作為「完全的相異者」的感知。我們完全無法理解祂，對祂一無所知，祂全然異於我們的一切，但能在我們心中引起興趣。正是在這種「完全相異者」的感受中，進一步出現了「彼岸」的觀念，一種我們立足於此岸而永無法臨近的彼岸。然而，對神祕的經驗尚不僅於此，祂還有一性質就是「神往」；亦即是說，儘管明知這位神祕者(祂)是我們所畏懼的，是與我們全然相異的，但我們卻不由自主地轉向祂。[41] 這是一種相當矛盾的感受，卻又真實地呈現在我們的宗教意識之中，從而構成某種情感上的張力。換言之，我們神往於神祕，同時又懼怕於神祕；我們知道呈現在我們眼前的是一個我們一無所知的東西，祂全然不屬於我們生活的此世，但我們卻又不由自主地被祂吸引。對於這種吸引，是非理性的，而又是神祕的，遠超言辭所能形容。對於這種情況，筆者認為就是奧托對「令人畏懼的神祕」(mysterium tremendum)的描述，他這樣說：

> 對它的感受有如微波徐來，心中充盈著一種深深敬仰的寧靜心情。它繼而轉化為一種較為穩定與持久的心態，不斷輕輕震顫和回蕩，直到最後寂然逝去而心靈重又回到「世俗的」、非宗教的日常狀態。它能帶著痙攣與驚厥從靈魂深處突然爆發出來，或者變為最奇特的激動，變為如醉如痴的狂亂，變為驚喜，變為迷狂。它有其粗野與馴善的種種形式並能沉入一種幾乎是可怕的恐懼和戰慄中。它有其粗獷、野蠻的遠古形式與早期表現，同時它又可以發展成某種美的、純潔的、榮耀的東西。它可以變成那種靜寂的、戰慄的、無言的謙卑，這種謙卑是受造物在面對某個不可言說與高踞萬物之上的神祕者時所產生出來的。[42]

筆者嘗試這樣總結靈恩派敬拜的中心體驗，這神聖感包括兩大類共五種因素，第一類就是「畏懼」(tremendum)，不可接近性令人敬畏，內中包含了：(1)對某種具神祕魔力的事感到畏懼，非自然的害怕；(2)絕對不可抗拒性；(3)充滿活力的。而第二類就是「神祕」(mysterium)，不可理解和不可解釋的神祕，內中包含了：(1)完全的相異者；(2)卻使人著迷的。

以下的描述，可以用來說明這種體驗：「一方面，受造物在它面前戰戰競競、膽怯萬分、五體投地，但同時又要情不自禁地轉向它，至還要使之變成他自身的東西。」[43]

故此，與上帝相遇不是智性（intellectual）的問題，因為上帝不是一個概念，亦不能以任何形態定性，祂是一個真實的存有，可從我們最深層的存在中遇上的。所以，對神聖的經歷本身，就是一種啟示而非理性的認知，而這種啟示必然帶來生命的轉變和超越。事實上，舊約以賽亞先知就有類似的經歷，他在上帝面前要面對祂的審判，承認自己的無有，由此弔詭地察覺自己的本體，從而領受神聖的使命（賽六 5～10）。

靈恩派敬拜中強調經歷，不只是人的一種主觀情緒，乃是人的一種「即時醒悟」，由此得到對無限的感受和意識，並且認識到人的有限，從而使人向神聖有絕對的倚靠。人亦對自身、神聖及身邊的事物有新的看法。這就是神聖經驗帶來的結果。

靈恩派的敬拜不是要創造神聖感，而是因著已有的聖靈的同在而將之凸顯出來，使人的心只注目耶穌，因為神聖感已經存在，只是我們有否經驗它的存在而已。

四 靈恩派敬拜觀對福音派的影響

1. 從教會敬拜更新之歷史看

A. 禮儀教會的更新

五、六十年代，西方主流禮儀教會所蘊釀的更新，無疑是受到五旬宗運動的衝擊。面對時代文化遽變，教會缺乏整全的神學去塑造能對應時代需要的崇拜，崇拜仍是由神職人員所壟斷，會眾只作旁觀者，就是所獻上的認罪禱文，既與當時步入尖端科技的年代格格不入，亦籠統得難以在個別會眾中產生悔罪之效，故此其後而來的禮儀更新，亦加強了會眾的參與，當然，這也跟馬丁．路德（Martin Luther）的「信徒皆祭司」之教義毫無抵觸。此外，新穎而啟發主動性、考慮平信徒需要的崇拜手冊面世，這容讓信眾有空間發揮屬靈恩賜，且正視了五旬宗所喚醒之久被遺忘了的信仰範疇。[44]

B.「敬拜讚美」運動的崛起

七、八十年代，應運而生的「敬拜讚美」運動之根源，也可追溯至靈恩更新運動。教會崇拜使用簡短讚美詩、用不同樂器等，這種富「現代性」及多元性的崇拜更新，亦為當時的自由教會提供了出路，因當時崇拜多傾向於「形式化」及「程序化」，以至容易落入崇拜僵化呆板、重理輕情、與時代脱軌的苦惱局面。而他們的重點則是透過領敬拜者帶領會眾進入與主親密相交之境，敞開予聖靈，在釋放中以口以身頌讚、敬拜，有些更於崇拜後設服事時間，實踐崇拜乃服事之真義。[45] 同時，將此方式與堂會傳統整合的教會，皆看到這種模式適切於這後啟蒙時代的文化。然而，自由教會也漸察覺單讓「敬拜讚美」於崇拜中專美之不妥當，這種模式斷不能完全取代歷代教會所流傳下來的禮儀寶庫。因此，這又漸漸發展成現今較多教會採用之「複合型敬拜」。

2. 從靈恩派敬拜之特性看

A. 清晰的敬拜對象

靈恩派敬拜中，信徒對於慈愛、救贖我們的父上帝的敬拜，是「無特殊目的，僅只於此」，崇拜不是為了傳福音，不是為了輔導，甚至不是為教導聖經，敬拜上帝就是崇拜的理由。[46]

B. 敬拜是信徒的事奉

靈恩派看敬拜是每個信徒的事奉，不是牧師、傳道、詩班、敬拜團隊的專利，這些人只是崇拜的輔助者，是要幫助人們敬拜上帝。

C. 是全人投入的敬拜

靈恩派敬拜強調與會者全人的投入，信徒應該熱切地等待，歡喜快樂地參與，並且在崇拜結束之後，留下美好的回憶，並將敬拜伸延至日常生活中。

D. 「在靈裏歌唱」

「在靈裏歌唱」（singing in the Spirit）可說是靈恩派崇拜精萃之所在，就是在聖靈的引導下，與會者在同一個和弦伴奏下，各人以方言頌唱出各自領受、即興湧溢的讚美詩，是惟有心意更新、專注於上帝的信徒才可以享受這種直接、自發和簡潔的敬拜方法。[47]

雖然靈恩派崇拜有以上特性，但這並不代表要揚棄傳統的聖詩，許多基督徒漸漸體認到，過去從路德、約翰．衛斯理（John Wesley），和其他古典聖詩作家所創作、流傳下來的詩歌，仍具有相當大的影響力。雖然傳統聖詩常令人感到暮氣沉沉、拘泥形式；但如今，也有愈來愈多的靈恩派教會的信徒，將這些過去用來背誦教義、暮氣沉沉的聖詩，重新賦予深厚的屬靈新意。[48] 一位教導靈恩派信徒帶領敬拜的敬拜領袖，多番肯定傳統詩歌乃是「基督教豐富的屬靈產業」，深度非今日的創作所及，題材之廣，不會窒礙，反會有助信徒表達個人與上帝的關係。[49]「靈歌」不能獨領風騷，但它的存在則表明了靈恩派信徒們對聖靈的敏銳和開放，這是對於傳統更正教會的當頭棒喝。

無怪乎《當代聖樂與崇拜》一書的作者赫士德在評論靈恩派崇拜時說：「深切的盼望，所有福音派的信徒能向五旬節派與靈恩派的信徒學習，了解這個崇拜的真理」。[50]

3. 從對靈恩派敬拜之評論看

靈恩派崇拜強調與會者開放及敏銳於聖靈的工作，可見於他們在崇拜中對屬靈恩賜之運用，如說預言、智慧言語、知識言語、說方言、翻方言、禱告治病等，故此，沒有一個人在崇拜中是旁觀者，每一個與會者都有他的份兒，因為聖靈的恩膏會臨到眾人身上。但若聖靈恩賜被過分推崇的話，卻會惹起其他的不良後果，也成為靈恩派受到批評的話柄。主要的評論有以下幾方面：

A. 是錯誤的屬靈爭戰觀

靈恩派強調以敬拜讚美推動屬靈的復興，[51] 故此信徒被託付了改革世界、復興靈性之責，其中一個方法是「正面宣告」（positive confession），就是個人在敬拜中向撒但宣告他在信徒身上的作為是失敗的，同時也宣告撒但在教會、在城市、在世界的作為必然失敗。他們認為：「『爭戰的讚美』的確是神賜給教會一項極好、且有效的攻擊武器，可用來對抗邪術、撒但崇拜、異端、新世紀運動等浪潮。」[52] 但逐漸地，某些詩歌瀰漫了一種以為單憑人的詩歌和說話足以捆綁撒但、掀動傾覆的謬思，人不須挪動半根指頭去實踐使命。[53] 筆者認同這個評論，筆者在參與一些靈恩派崇拜聚會有同樣的發現。

B. 是一種勝利主義

雖然講道不是靈恩派崇拜重要的一環，但集體敬拜往往成為傳遞靈恩神學取向的場景，若是過分地強調恩賜、誇耀神蹟奇事，會令到會眾活在一個「人格分裂」的狀態之中，否認生命中血肉淋漓的一面，忘情於敬拜讚美之中，結果信仰只陶醉於「成功神學」，卻忽視了基督苦難的重演，容易使到崇拜成為逃避現實的方法。

C. 對悔罪的忽略

靈恩派人士正確的提醒了福音派信徒不要只單單定睛於自己的罪污，更要望見上帝在愛子中藉聖靈賜給信徒的屬靈福氣，可惜矯枉過正之下，有關悔罪的真理卻容易被忽視。若不能對兩方面的教導保持平衡，的確難免會出現將聖靈的恩賜取替了基督的工作，崇拜的焦點不再是耶穌救贖的重現的情況。縱然靈恩充沛，生命若不被聖靈所審判，難以流露馨香的改變。

D. 個人崇拜的傾向

上文提及，靈恩派強調個人恩賜的運用，也相當程度看重個人在崇拜聚會中之帶領，甚至控制，因此，側重聖靈恩賜間接地鞏固了個人主義的泛濫，做成「明星」效應，這是最惹人非議的。同時，詩歌偏重信徒個人與上帝同行的經驗，各人沉浸於自我陶醉之中，甚至連聆聽別人掙扎傷痛的空間也被堵塞，更遑論為對方代求，走進對方的無助、苦澀、困惑，一同守望、一同等候、一同獻呈，見證那復活得勝的一日。[54]

無疑靈恩派崇拜蘊含了一些「潛在危險」，然而，現在有不少靈恩派學者誠實地檢視自己的信仰內容，並嘗試將崇拜與神學作更多的整合。很多時，當福音派教會對靈恩派崇拜作出批評時，容易將靈恩派崇拜中可貴的部分也一概剔除，但對所謂正派崇拜的弊病視若無睹。事實上，靈恩派人士也開始察覺到禮儀是人藉以事奉上帝的工作，而並非呆板冷漠的同義詞。他們漸漸地卸去對傳統禮儀的抗拒，因而在靈恩派之中也興起了一批稱之為「禮儀靈恩派」。[55] 這正反映靈恩派信徒如何渴求真誠敬拜上帝。

五 結論

崇拜這個課題永遠提供兩代（年長與年輕）和兩派（靈恩派與福音派）最好的爭論素材。有些傳統教會普遍上羨慕靈恩派教會增長的成就，但是在神學、聖經根基上卻看不起他們。坦白而言，傳統教會的苦悶、困惑和矛盾、種種盤根錯節複雜因素，實在難解難分。有時候難免有會友要求轉會，所提出的藉口往往牽扯崇拜模式的轉變，缺乏認同感或不能適應，卻不願面對自身的屬靈光景和肢體生活上出現已久的缺口；其實，冷靜的情緒與穩重、誠實的回應，乃是一個靈命成熟的基督徒所應當具備的。因此，如何幫助傳統教會的基督徒定位？如何在這迷思中尋找一條出路？首先應當處理的是態度的問題：

1. 避免故意渲染傳統崇拜的刻板印象，或刻意以靈恩派崇拜的弱點作為揶揄的話題來轉移傳統教會的視線，甚至回避眼前的難題，這都是消極的，因為放大別人的缺點，強化自己的優點，往往就會產生誤讀現象，而且也進一步加深兩代、兩派的鴻溝。
2. 建立深厚的學術涵養、中肯而實在地分析、探討必須全面，避免失之偏頗。我們需要除去自以為了解而不加以觀察的偏見、甚至歧視、以偏概全、以訛傳訛的消極行為；常問自己：是理性的歸納？還是盲目的誤解？總要設法釐清！

其實，規則限制（傳統崇拜）與自由發揮（靈恩派崇拜）不一定是衝突的，若只側重自由，整個崇拜就容易出亂子，但若一味強調規則，也是絲毫沒有樂趣可言。或許，今天福音派教會也須抱一個更廣闊的胸襟，從靈恩派教會的經驗和反省中既積極批判而又心存謙卑的學習，取長補短，擇善固執，懷著這份胸襟與遠象，教會的崇拜才可更有力的幫助會眾面對時代對其信仰的挑戰。

註釋：

1. 「靈恩派」一詞在本文中並沒有作出在學術研究上的嚴格定義，只是一個統稱，泛指五旬宗教會及靈恩教會。
2. 郭乃弘：《崇拜的更新》（香港：香港基督徒學會，2000），頁 9。
3. 張智聰：〈再思二十世紀教會崇拜——靈恩的砥礪、文化的侵蝕〉，《神學生》第 16 期（2002 年 3 月），頁 52。
4. 利秀慧：〈教會敬拜生活的前瞻〉，《時代論壇》，第 635 期，1999 年 10 月 31 日，頁 3。

5. 複合型敬拜模式（blended worship），其特點是糅合傳統詩歌敬拜及現代詩歌敬拜為一體。參網址：http://en.wikipedia.org/wiki/Contemporay_worship；瀏覽於 2010 年 11 月 20 日。
6. 參 John C. LaRue, Jr., "Contemporary Worship Music Growth Slows"，參網址：http://www.christianitytoday.com/yc/1999/novdec/9y6080.html；瀏覽於 2003 年 6 月 10 日。
7. 分別兩次的調查中，顯示採用複合型敬拜模式的教會約四成多至五成。參網址：http://www.cccowe.ca/art/11/0000192/；http://www.chinesetheology.com/NWong/WorshipOrder.htm；瀏覽於 2010 年 11 月 20 日。
8. 霍志鵬：〈敬拜讚美初探〉，《基道閱讀》第十三期，2000 年 3 月，頁 4～5。
9. 利秀慧：〈教會敬拜生活的前瞻〉，頁 3。
10. 張慕皚：〈當代靈恩現象辨識〉，刊於九龍城浸信會網頁。參網址：http://www.baptist.org.hk/b5_news00_07.php；瀏覽於 2010 年 9 月 15 日。
11. 坊間對這種轉變之討論，當然是有讚有彈。讚方面有認為幫助參加者投入，較適合年青人，容易抒發情感等；彈方面有認為以人為中心而非以上帝為中心，效法世界而失去敬虔，歌詞內容缺乏深度等。討論重點中多針對模式，而非著眼於觀念。
12. 赫士德（Donald P. Hustad）：《當代聖樂與崇拜》，謝林芳蘭譯（台北：校園，1998），頁 305。
13. 一般是指在西方國家教會（state church）分裂出來而形成的教會，在教務上不受官方或外來教務組織管轄。參〈自由教會〉，載《基督教聖經與神學詞典》，盧龍光等編（香港：漢語聖經協會，2003），頁 211。
14. 參卡維里（Veli-Matti Kärkkäinen）：《教會論：全球導覽》，陳永財譯（香港：基道，2010），頁 82。
15. 張智聰：〈再思二十世紀教會崇拜〉，頁 52。
16. 卡維里：《教會論：全球導覽》，頁 82。
17. 敬虔運動著重對聖經的研讀和在信徒聚會中研經，又實行信徒皆祭司，堅持每個信徒作為平等的伙伴，增加平信徒的事奉機會，強調在日常生活中實踐基督教的教訓和無私的愛，並以誠懇禱告的心與不信的及異端來往，透過好的榜樣、有力的對話和愛把他們挽回。這運動日後影響了清教徒運動，衛斯理約翰所帶動的奮興運動等。參〈敬虔主義〉，載《當代神學辭典》，下冊，楊牧谷編（台北：校園，1997），頁 897～898。
18. 芬尼被稱為「近代復興運動之父」。參《當代神神學辭典》，上冊，楊牧谷編（台北：校園，1997），頁 412。
19. 韋柏（Robert Webber）：《崇拜：認古識今》，何李穎芬譯（香港：宣道，2000），頁 96～98。

20. 參周學信：《靈恩神學與歷史探討》(台北：中華福音神學院，1999)，頁 80～81。
21. 赫士德：《當代聖樂與崇拜》，頁 266。
22. 區伯平：〈服侍尋道者的崇拜〉。參網址：http://www.kac.org.hk/pastor/worship.htm；瀏覽於 2010 年 11 月 22 日。
23. 張智聰：〈再思二十世紀教會崇拜〉，頁 53。
24. 楊慶球：《靈風起舞——聖靈教義與靈恩現象剖析》(香港：宣道，2007 年)，頁 27。
25. 卡維里：《聖靈論：全球導覽》，陳永財譯（香港：基道，2009），頁 103。
26. 參張智聰：〈再思二十世紀教會崇拜〉，頁 53。轉引自 J. Suurmond, *Word and Spirit at Play: Towards a Charismatic Theology*, trans. J. Bowden, (London: SCM Press, 1994), 2。
27. 新歌是用現存之曲調，或譜寫新的曲調，並以悟性言語唱出來。
28. 靈歌是用現存之曲調，或譜寫新的曲調，並以方言唱出來。
29. 卡維里：《聖靈論：全球導覽》，頁 108。轉引自 Daniel E. Albrecht, "Pentecostal Spirituality: Looking through the Lens of Ritual," *Pneuma* 14 no.2 (1996): 21。
30. 張慕皚：〈當代靈恩現象辨識〉。
31. 參張智聰：〈再思二十世紀教會崇拜〉，頁 54。轉引自 T.Smail, "In Spirit and in Truth: Reflections on Charismatic Worship," in *Charismatic Renewal: The Search for Theology*, Smail, T., Walker, A., and Wright, N. (London: SPCK, 1993), 110。
32. 高雄德：〈敬拜讚美衝擊的再思與建議〉，《新使者》第六十九期，2002 年 4 月，頁 6。
33. 霍志鵬：〈敬拜讚美初探〉，頁 4。
34. 龔立人：〈聖靈的澆灌——五旬宗運動的挑戰與挑戰五旬宗運動〉，載《聖靈：華人宗教及文化處境下的反思》，鄧紹光主編(香港：信義宗神學院，2002 年)，頁 248。
35. 楊天恩：〈敬拜模式的轉變，也是信仰反省的開始〉，《基道閱讀》第十三期，2000 年 3 月，頁 1－3。
36. 魯道夫．奧托(Rudolf Otto)：《論神聖》，成窮、周邦憲譯(四川：四川人民，2003)，頁 2。
37.「神祕的」(*numinous*)，這詞是奧托自創的新詞，在其用法中，它一般有兩個意涵，其一，它意指一種神聖的價值範疇，這個價值範疇獨立於其他的價值範疇(諸如倫理、知識等)；其二，它意指一種神祕的心態，這種心態本質上不同於其他種類的心態而自成一類。參魯道夫．奧托：《論神聖》，頁 7～9。

38.「受造感」是《論神聖》一書第三章討論的內容，由於篇幅關係，在此不加詳述。

39. 魯道夫．奧托：《論神聖》，頁 21。

40.「完全相異者」是《論神聖》一書第五章討論的內容，由於篇幅關係，在此不加詳述。

41. 魯道夫．奧托：《論神聖》，頁 36～38。

42. 魯道夫．奧托：《論神聖》，頁 15。

43. 魯道夫．奧托：《論神聖》，頁 36。

44. 參張智聰：〈再思二十世紀教會崇拜〉，頁 55。

45. 參林明遠：〈現代敬拜與教會更新，潮流？出路？〉，參網址：http://www.chinesetheology.com/LamMY/ModernWorship.htm；瀏覽於 2009 年 4 月 25 日。

46. 參赫士德：《當代聖樂與崇拜》，頁 322。

47. 參張智聰：〈再思二十世紀教會崇拜〉，頁 55。

48. 琳蒂．瓦倫（Lindy Warren）：〈敬拜詩歌的新浪潮〉。參網址：http://tw.myblog.yahoo.com/oldies-ccm/article?mid=75&next=70&l=a&fid=5；瀏覽於 2010 年 9 月 5 日。

49. 蘇鮑伯（Bob Sorge）：《探索敬拜——如何實際帶領敬拜》，劉秀慧譯（台北：以琳書房，2001），頁 136～137。

50. 赫士德：《當代聖樂與崇拜》，頁 322。

51. 琳蒂．瓦倫：〈敬拜詩歌的新浪潮〉。

52. 羅伯．蓋恩（Robert Gay）：《爭戰的讚美》，陳貞吟譯（台北：以琳書房，1998），頁 2。

53. 參張智聰：〈再思二十世紀教會崇拜〉，頁 56。

54. 參張智聰：〈再思二十世紀教會崇拜〉，頁 56～57。

55. 參張智聰：〈再思二十世紀教會崇拜〉，頁 57。

9

敬拜與牧養

褚永華

一 引言

近年，有關敬拜的定義、如何敬拜、敬拜所用的樂器和詩歌等議題，都因教會的不同傳統，以及不同的神學解說而眾說紛紜。又因現代教會的不同宗派、文化、處境、發展，甚至個人感受等而複雜化，且繁簡不一。有些人參與敬拜是為了要一點新刺激，使日子好過一點，快樂一點；有些人則尋求敬拜中的神祕感和禮儀；有些則希望罪得到赦免；另一些人則希望忘記一切；有些則希望見見朋友及與親人相敘；一些則為責任感或擔任事奉項目而不得缺席；有些則為要領聖餐；有些則希望別人為他禱告；更有一些是為了會後的餐敍。總之，對崇拜的意義是各自表述，甚而各取所需。這篇文章並不以舊約、新約對敬拜的論説開始，本文只集中討論敬拜與牧養的關係。

在後現代的世代中，為任何概念下定義都是吃力不討好的事，因為世事無絕對，在眾說紛紜，百家齊放的道理中，各取所需。但為了引導我們思考，一些基本的定義和指導性思想入門也是必須的。

說到敬拜與牧養之間的關係，一個簡單但能引導我們思考的定義，似乎是必須的，但在眾多的定義中，只有湯樸(William Temple)大主教對敬拜所下的定義，最切合本文所探討的牧養主題，湯樸說：

> 崇拜就是讓全人完全投靠上帝，讓祂的聖潔，甦醒我的良心；用祂的真理養育我的心思；藉祂的純美澄清我的想像；將我的心門打開迎向上帝的慈愛；將我的意志征服，完全以上帝為主宰。將這一切的動作在尊崇之中，融為一體，就是崇拜。[1]

在這簡單的定義中，湯樸點出了敬拜和牧養的核心，若敬拜的對象是上帝，那麼將全人投靠上帝是信徒惟一合理的行動；若牧養的對象是信徒，那麼透過神人間的互動，使信徒的良心甦醒、心思得培育、想像得澄清，且將心門打開迎向上帝的慈愛，意志完全降服於上帝，並尊上帝為主等，這不正是牧養的真諦嗎？因此，敬拜基本說來，是教會塑造及轉化信徒靈性的虔敬行動。因此，敬拜必然具有轉化性且帶有高度牧養性。

湯樸雖身為坎特伯雷(Canterbury)第九十八任大主教，在上述的敬拜定義中，似乎又不是十分凸顯其禮儀教會的背景。但對湯樸粗略的了解，[2] 則不難發現聖公會神學傳統及禮儀在湯樸思維中的深度影響。近年，由於讀者在整個閱讀行動中的角色被高度關注，讀者回應鑑別學(reader-response criticism)關注讀者與文本間的互動中所產生連串的後果，在在影響對文本的詮釋。在整個閱讀過程中，作者為了避免讓自身的偏見，引起讀者對文本不必要的誤解的可能性，作者也須將自己身處的地區、成長、教育、教會、文化等背景，作一個簡單的陳述。[3]直接地來說，在討論敬拜與牧養之間的相互關係，筆者本人的非禮儀、自由教會（Free Church）[4]的成長背景，都無可諱言地影響了文章中的神學觀點，以及對敬拜禮儀的了解和欣賞等。自由教會傳統，涵蓋了多個宗派，以及多種崇拜模式的敬拜傳統，要作出公允的評述的確不容易。大體上來說，其來源可追溯至十六世紀時的宗教改革時期，應無異議。基本原因，是因為不滿當代教會的過分禮儀化，引致敬拜顯得僵化，於是改革的呼聲便高唱入雲。再加上國家教會的強硬手法，無可避免地催化了教會在神學、聖經解釋、禮儀等各方面的新觀點，而從國家教會分裂出來的行動，亦愈演愈烈。自由教會的品流複雜，派別繁多，由暴力主義者到和平主義者，由極端的自我主義者到極度謙卑的敬虔主義者，總言之，他們是社會中的低下階層，與制度化的宗教格格不入，他們與國家教會間的衝突，已成水火，不可逆轉，它們分道揚鑣，也只是時間問題。

對於自由教會缺少規範、崇尚自由開放精神的弱點，唐佑之牧師公允的規勸和提醒，值得我們深入思考：

> 崇拜是教會最基本的性質與功能，但是這卻為華人教會普遍的忽略。我們承接敬虔派的看法，只著重個人敬虔為首要，在羣體敬拜方面，並不十分注意。我們又接受自由教會的傳統，不崇尚禮儀，不拘泥形式，結果在自由中沒有重視秩序。我們以為秩序只是節目，其實真正

的秩序是屬靈的內涵與深度。[5]

崇尚個人敬虔、忽略羣體敬拜；拘泥於教會小傳統、忽視從大公教會的大傳統中汲取養分來自我更新和改進，結果便是：神學上狹隘而故步自封，敬拜上枯竭而欠缺活力，牧養者與被牧養者相皆浮游於靈性淺灘自娛，失卻與上帝相遇相交之驚喜與喜樂，自絕於造福廣大信徒羣體之契機。

二 崇拜的聖經基礎

自由教會傳統敬拜所重視的，是新約中對敬拜的教導，其中特別是道的宣講。眾所週知，新約教會的敬拜，其歷史根源，可追溯到猶太人的會堂敬拜。

1. 猶太人的會堂敬拜

會堂在歷史中出現的時間，至今仍是懸而未決，雖然缺少歷史資料來説明會堂的起源，但是學者們都一致認為，會堂是開始於被擄巴比倫期間，即在公元前五八六年耶路撒冷聖殿被毀之後。耶路撒冷及聖殿既為巴比倫所毀，聖殿中的金銀器皿，皆被搶掠一空，且被運到異邦。從此，一切敬拜均告中斷。旅居異地，成為亡國奴的猶太人，在反覆思量下，頓悟到國破家亡的原委，乃是因為犯了罪，忘記了他們在聖約中所應持守的律法典章，且漠視摩西律法及眾先知們的教訓，以致落得如斯苦痛的下場（但九 3 ～ 15）。為了能一方面振興本身的信仰，另一方面能在異族之地保持猶太民族的宗教文化傳統，而不致被完全同化，會堂制度便應運而生了。

另一個說法，就是認為也許是敬虔的猶太人在遠離故鄉時，感到需要有特別的地方來聚集公禱，這尤以安息日為然。於是，他們很自然地聚集在先知的住所來聆聽宗教上的教訓（結十四1，二十1）。到了新約時代，會堂的典型崇拜儀式可能包含下列六個部分：[6]

1. 昭示禱告，包括領會者宣告：「你們當讚美主，祂是當讚美的。」會眾回應說：「我們讚美主，祂是應當永遠受稱頌的」，然後繼續朗誦「示瑪」（shema）認信；示瑪是由五經中的三段經文所組成的，即申命記六章4至9節、十一章13至21節，以及民數記十五章37至41節。
2. 禱告，稱為「高舉雙手」。與第一部分相反，這個時候不是全體會眾都參加，乃是由推選出來的一個人擔任祈禱，會眾則只在結束時以「阿們」應答（林前十四16）。
3. 朗讀摩西律法。五經可被劃分為一百五十四段（或更多）的安息日經節，因此，每三年或三年半就可以唸完一次五經。崇拜前執事要負責準備好經卷，以便一打開就是當日該讀的經節。而且每讀完一節便稍歇一下，以便翻譯者以人人皆懂的通俗亞蘭語譯出（通稱為他爾根〔Targum〕），好讓不懂古典希伯來文的人明白其中的意思。
4. 唸完律法書以後，要再唸一段舊約的先知書。這是由讀經者自己選定的（見路四16～21）。這經文也由翻譯者譯成亞蘭語。
5. 遇有專家在場時，通常都會請他將其中一兩節加以解釋（路四21）。假如有陌生人參加崇拜，管會堂的人通常也會邀請他向會眾講「勸勉的話」（徒十三15）。斐羅（Philo）認為這勸勉的話是整個聚會中最重要的環節。[7] 會堂的自由（freedom of the synagogue）是泛指任何會堂領袖（們）認為適合的人，皆可被邀請在會中說勸勉的話，這也可說是教會後來有講道的原因。

6. 最後由祭司以民數記六章22至26節亞倫的祝福作為結束。如果沒有祭司在場，那麼便由一位非聖職人員宣讀該祝福文，而會眾則以「阿們」作回應。

上述根據猶太人在會堂中的宗教生活而引申出來的崇拜程序，固有其深厚的歷史根源。猶太人在公元前五八六年亡於巴比倫之後，曾有以斯拉和尼希米在波斯王允許及協助下，重修耶路撒冷的城牆，及重建塌毀的聖殿。雖然重建的聖殿與昔日所羅門所建的殿兩相比較下，規模相去甚遠，令人一望即傷心流淚，唏噓不已，但新約時代由大希律用數十年光陰，花費大量金錢在錫安山上所修建的聖殿，其大膽的設計、高超的建築技術，卻令人歎為觀止。不過，這些宏偉的建築羣，最後在公元七十年被羅馬帝國強悍兇狠和貪婪的軍兵，在提多將軍無情的攻擊下，搶掠一空，燒毀淨盡。這對猶太人的打擊是無與倫比的，一個以上帝子民自豪的民族，竟成了無國之民，一個以聖殿的祭祀、禮儀、節期為身分象徵的民族，頃刻間成為無身分的孤兒，頓失依靠，失去重心而滑落，滑落到那絕望無助的夜空。

沒有聖殿的日子怎麼過？沒有祭司的日子怎麼過？沒有祭牲的日子怎麼過？感恩祭、贖罪祭……如何獻上？我的罪又如何獲赦免？在這些連串難題當頭之時，一班虔誠且學富五車的拉比，如約翰便撒該（Johanan ben Zakkai）和迦瑪列二世（Gamaliel II）等法利賽人便發揮了他們的作用，他們以無比的勇氣，義無反顧地倡議在會堂學習律法來取代聖殿的祭祀，學習律法也成了拉比猶太教（Rabbinic Judaism）的核心教義。對於現代的猶太信徒來說，學習律法成為猶太人宗教生活中最崇高的宗教責任，這是後話了。

2. 耶穌在拿撒勒會堂中教導（路四 16～22）

談論新約的敬拜不得不從這段經文開始，因為這段經文清楚地反映了舊約及會堂敬拜的情況。按經文的描述，耶穌照他平常的規矩進了會堂（路四 16），這表示耶穌經常性地參與會堂聚會，又按會堂規矩誦讀先知書（賽六十一 1～2），並且解釋經文的意義。耶穌在拿撒勒會堂的行動，成為歷代教會崇拜及宣講的模式。

這段經文正好表明，在一世紀耶穌在宣講天國福音時與舊約及會堂相接觸的情況，耶穌的天國宣講是要引進一個全新的屬靈國度，讓人能尊崇上帝為天父，在世界上要彼此相愛。然而，祂要怎樣將這新道理介紹給自己的同胞呢？祂是怎樣了解舊約聖經呢？祂又是怎樣了解猶太的宗教節期、會堂生活？耶穌身為一個猶太人，祂對自己的宗教及舊約的了解，應該無異於同時代普通的猶太人。但祂卻從上帝那裏領受了使命：「約翰下監以後，耶穌來到加利利，宣傳上帝的福音，說：『日期滿了，上帝的國近了。你們當悔改，信福音！』」（可一 14～15）這促使祂對周遭事物都有不同觀點和解釋，例如對受普羅百姓無限尊重的法利賽人加以無情的鞭撻，斥責他們為假冒為善（太二十三 13、15、23）、瞎子領瞎子（二十三 16）、粉飾的墳墓（27～28 節）、毒蛇之種（33 節）。作為上帝之子的耶穌，道成肉身成為人，成為一個猶太人，在猶太文化的浸淫中成長，但祂也傳揚猶太人完全不能理解的信息。正如：

>「主的靈在我身上，因為他用膏膏我，叫我傳福音給貧窮的人；差遣我報告：被擄的得釋放，瞎眼的得看見，叫那受壓制的得自由，報告上帝悅納人的禧年。」於是把書捲起來，交還執事，就坐下。會堂裏的人都定睛看他。耶穌對他們說：「今天這經應驗在你們耳中了。」眾人都稱讚他，並希奇他口中所出的恩言。又說：「這不是約瑟的兒子嗎？」…… 又說：「我實在告訴你們，沒有先知在自己家鄉被人悅納的。」(路四 18～24)

在耶穌所引用的經文中，祂刻意著重以賽亞先知所描述的三個重點：(1) 耶穌是一位滿有聖靈的人 (路三 22，四 14)；(2) 耶穌是一位末世的先知，並宣告上帝大好的信息；(3) 耶穌亦是釋放者。這些重點都一致地表明耶穌來到世上所要做的工作，或其工作的性質。但這種解經的方法，對自己家鄉的人來說，太出人意表了，簡直是對常識及理性的莫大挑戰。

耶穌對經文的解釋，及與猶太宗教領袖間的衝突，不單凸顯兩個信仰體系間的衝突，尤有進者，這也增加了信徒或門徒在社區中與他人相處的磨擦，也增加了信徒與會堂教徒相處的張力。耶穌身為猶太人，固然在會堂中守安息日，也必定會照猶太人的宗教原則來生活，這是毫無異議及應被尊重及欣賞的事。後來在外邦人中傳福音的猶太人保羅，也按一貫的規矩，在安息日先進會堂敬拜，再和人論道 (徒十三 14，十四 1，十七 1～2、10、17，十八 4～8、26，十九 8)。福音傳至外邦世界，固有的神學及文化與新思維互相碰撞，產生激蕩，各方而來的困難和挑戰，與日俱增。這只不過提及當時基督信仰在異教世界與異教哲學及文化相遇中的外部矛盾，而更嚴重的是內部矛盾。

內部矛盾是指基督徒與猶太教徒之間的衝突。或許應在此簡單解釋一下這衝突的簡單起源。這應由早期教會信徒聚會的情況説起，我們知道早期信耶穌的人，絕大部分都是猶太人，聚會多在家中或在會堂中舉行，那時信徒門連一個外界要如何稱呼他們的名字也沒有，非信徒只以「信從這道」（徒六 7）來稱呼基督信徒。簡言之，信徒與猶太教徒知道他們之間的分別，但分別的實質到底如何，則很難説得清楚。他們住在同一個社區，在同一個會堂崇拜，同守一部經書，遵守同一教規禮儀，同尊亞伯拉罕為父……相同之處多的是，不同的只有一樣：相信耶穌是彌賽亞，同時又是上帝的兒子。簡言之，在日常生活及宗教生活方面，大家既然都是猶太人，差異小之又小。

這種重視相同而漠視相異的寬宏心，到門徒的身分在安提阿被確立為基督徒（徒十一 26）那日便開始緊張起來。這是由於基督徒與猶太信徒對各自信仰體系了解日深，或説對各自的身分認同的理解度也日高，知道雙方在宗教及禮儀等各方面的不同，他們分道揚鑣是肯定的。[8] 有一天，會堂的領導便頒布禁令，禁止基督信徒進入會堂聚會（約九 22），以致互不往還，各自堅持本身的傳統、神學特色、經文詮釋，繼而在歷史中發展出兩個宗教，在淵源上那麼接近，但在信仰及神學上卻各有特色的體系。

由這些資料來看，基督教教會的崇拜內容與舊約和會堂簡直不能分割。在崇拜中的各項重要環節，例如宣召、讀經、講道等，也必須從會堂的安息日崇拜中尋獲依據。自由教會也不能自絕於該傳統之外，必須從中尋根，汲收養分來更新。

三 敬拜的內容

崇拜就是讓全人完全投靠上帝，讓祂的聖潔，甦醒我的良心；用祂的真理養育我的心思；藉祂的純美澄清我的想像；將我的心門打開迎向上帝的慈愛；將我的意志征服，完全以上帝為主宰。將這一切的動作在尊崇之中，融為一體，就是崇拜。[9]

湯樸大主教對崇拜的定義，可指引我們一起思考崇拜與牧養的關係。上文曾簡略提及此定義背後受聖公會的影響至大，整段文字背後就好像是一座一座古典宏偉的大教堂，如威斯敏斯特大教堂（Westminster Cathedral）、聖保羅大教堂（St. Paul Cathedral）等 ，「藉祂的純美澄清我的想像」，這很難令人不去想像文字是以大教堂宏偉的建築為本位的。

1. 教堂與設計

試想一個又一個設計精美的圓拱天花，承托整個教堂的頂層；美輪美奐的聖人石雕，件件皆為藝術精品；設計巧妙、色彩斑爛的玻璃窗；名家手筆的名畫；名家設計的管風琴等，這一切讓整座教堂，震懾了人的心靈。其高處令人降服於神性的崇高超拔；各樣名雕、名畫、名琴、美妙樂章，處處吸引人崇敬上帝的美。這種美也能澄清信徒的想像，投向上帝。這一切都是心靈的牧養和培育，但作為自由教會的其中一員，宏偉的教堂建築，尤以香港為例，似乎是難以登天。那麼，難道沒有宏偉教堂建築的教會崇拜，就難以達到真正的崇拜嗎？

威瑟林頓（Ben Witherington III）仔細地分析了約翰福音

四章中耶穌和撒馬利亞婦人之間的對話後，表示在一個著重聖殿、祭司、獻祭，以及各種儀節的年代中，耶穌宣告了一個全新的崇拜模式，耶穌說：

> 婦人，你應當信我，時候將到，那時你們敬拜父，不在這山上，也不在耶路撒冷。… 然而時候將到，現在就是了，那用心靈按真理敬拜父的，才是真正敬拜的人；因為父在尋找這樣敬拜他的人。（約四21、23；《聖經新譯本》）

這宣告表明一個末世的崇拜（eschatological worship）已經來到，耶穌帶來一個沒有聖殿、沒有祭司、沒有祭物的崇拜，因為這一切都在耶穌裏得到完成了。祂是上帝全新的聖殿，是逾越節除罪的羊羔，祂同時也是祭司，在各各他的山巔，獻上自己為最完美的祭。[10]

自由教會的試探又出現了，在宏偉、傳統與簡單、自由之間作出抉擇，忽略了兩者間的平衡與互補，我們必須學會在傳統中欣賞自由開放之美，在自由開放中欣賞傳統的肅穆之美。不以大而排小，不以小而妄自菲薄。香港大部分自由教會，都只有一個數百尺至數千尺的空間作為聚會場所，鮮有座堂式的教堂使信徒可以全人投入敬拜。數千尺空間的教會，在設計和佈置方面仍有轉圜餘地，但數百尺空間的聚會地方，則要善用所有空間，並在設計方面多花一點心思，務求在聽覺和視覺方面多點創意。不單如此，更要善用象徵和符號，[11] 使信徒敬拜時，內心經歷對上帝的信心和敬虔，宗教改革家也有相類同的說法。由於地方的限制，自由教會的敬拜，忽視了人是十分受環境和氣氛影響的。故此，敬拜的地方，應該是一個設計和佈置兩皆合宜的聖堂（sanctuary），而不單是一個聚會空間。

現代繁忙的社會裏，心情起伏不寧的崇拜者，肯定需要一個安靜的地方來敬拜上帝。敬拜的地方，四周的陳設，可考慮安放包括視聽方面的記號、象徵和音樂，幫助人的心能夠安靜，回歸於上帝。自由教會傳統的敬拜，實應在佈置和音樂等方面，能有創新一點的設計，這一定可以提升會眾親近上帝的能力。需要花心思設計的地方包括正門、窗門、天花、牆、講台、講台後面的牆，甚至週刊等。具有創意的崇拜，一定可以在教會實物的設計中反映出來的。

2. 講道

打從宣講在會堂中佔有一席重要的位置以來，且在整個新約背景中得到長足的發展，我們看見彼得在五旬節的宣講使門徒添了三千人（徒二 14 ~ 42），司提反的講道不單帶來他本身的殉道（徒七 54），更帶來了耶路撒冷教會的逼害（徒八 1），導致信徒四散；保羅信主後，將福音帶到異邦世界，宣講位置之重要，如日中天。

教會在急速地發展，但基督徒的信仰是被帝國定為非法的，且被懷疑的，並沒有受到法律的公平待遇和保障，由尼祿（Nero；64 年）至君士坦丁大帝（Constantine；313 年）頒布米蘭諭旨，[12] 宣布寬容對待基督教，兩者之間的二百五十年，信徒隨時可被捉拿、定罪、判死刑。到二世紀時，其逼害可經由省長頒布執行，循合法途徑且有組織的逼害在德修（Decius；249 ~ 251 年）、瓦勒良（Valerian；253 ~ 260 年）、戴克里先（Dicletian；303 ~ 305 年）作羅馬該撒期間發生過。[13] 帝國對基督信仰的逼害，對基督教的發展有莫大影響，三世紀時的逼害不單針對個別基督徒，並以經濟性及社會性手段來摧毀教會為目的，如充公教會房產以打擊教會經濟，阻攔教會領袖工作之進行，導致教會事工不能運作，[14] 此等手段確對教會的發展產生巨大影響，但其影響卻是正面的，因為在逼迫之下，基督教信仰卻在帝國境內不斷發展。[15]

蠻族入侵使羅馬帝國陷於崩潰，國力不再，拉丁文成了貴族及宗教人士的語文，平民參與敬拜時只重聖禮而輕拉丁文的宣講，因為平民根本不懂拉丁文，故此會眾在崇拜時沒有參與，只成為旁觀者。故此，馬丁．路德（Martin Luther）在宗教改革時，其中一項重點便是崇拜用語必須通俗，再加上他將拉丁文聖經譯為通俗的德語，這些舉措對整個歐洲的基督教，影響極大，特別在宣講上的影響，更可用無與倫比來形容。[16] 路德將採用通俗語言來宣講的創舉，首先帶入教會，得到普羅大眾的歡迎，並使他們能明白聖經真理，生命得餵養，信仰得堅固。路德所設計的主日崇拜禮儀非常簡單，只有讀經、祈禱與講道，然後有認罪。[17] 路德對現代自由教會在講道重要性方面的影響是巨大的。

講道在崇拜中的重要性固然不在話下，自由教會傳統敬拜的時間，至少有一半或一半以上用作講道，講員所用的講台，亦是放在教堂最中間及最顯眼的位置。在擺放講台的位置上，已顯明講道的重要性，但講道的牧養性卻是另一回事。崇拜中的講道能牧養信徒，除了聖靈的工作外，卻完全取決於宣講者的品格、信息及宣講的技巧。

宣講者的形象或自我了解，主導了宣講者的事奉方向，若宣講者想像自己是牧者、或先知、或傳道者、或負傷的治療者，那麼，這些主要形象便會依附在宣講者的思想中，並支配他／她作出與該形象相符的行動。近年來，研究講道學的學者專家們，提議對宣講者的其中一個主要理解是使者（herald），宣講者是使者的說法由巴特（Karl Barth）首先提出：

> 宣講其實是上帝透過人的語言，親自向我們說話，好像一位國王透過他使者的口傳遞信息，這些信息是要人聽見和明白……在信心中接納為對生死的神聖抉擇，同時為神聖的審判，神聖的赦宥，又同時是永遠的律法及永遠的福音。[18]

透過人的語言，上帝親自向我們宣講，藉以向信徒及宣講者作出要求，換言之，在宣講者的聲音之外另有一把聲音，這正是上帝的聲音。使者絕對不用為國王要宣告的信息作任何的加工和修飾，他／她只要忠心地傳遞所交付的信息：

> 我們只要謹守一個態度，作個有信息可宣告的使者，我們絕不須為信息搭建高台，因為我們的信息無堅不摧，任何人都要俯就信息，只要聖經一開始便如此說話，這一切便都會成就，我們也就完成了我們的使命。[19]

對巴特來說，宣講是上帝自我顯示的行動，是恩典，也是啟示。宣講之意義及其重要性，並不在於講道者說了甚麼，而在於上帝說了甚麼，信息比傳信息的更為重要。傳信息者一定要清楚所傳的信息是甚麼，然後充滿勇氣宣告上帝的信息。故此，宣告者需要的是信息和宣告信息的勇氣，這才是最先決的條件，其他的都是次要的。

宣講是崇拜中的一部分，若自由教會的信徒，在崇拜中聆聽上帝的道，是上帝向我們講道，我們怎能掉以輕心？我們怎會聽不明白？我們怎會得不到牧養？

3. 詩歌

詩歌在崇拜中的重要性是不容置疑的，雖然在應用何種樂器、現代頌唱或傳統詩歌等選取上，有不少相異的立場，並不可以簡單二分法來解說。老一輩的信徒以傳統文化為依歸，年輕一代則以流行文化為中軸。其實問題的中心乃在於甚麼是崇拜，以及崇拜的中心到底是甚麼。基督徒對此議題的答案分歧很大，大公教會當然以傳統禮儀為依據，不能有絲毫分差，而非禮儀的自由教會，崇拜是可自由編排，不必拘泥先後、文句也可有差異，但以遵行以弗所書五章18節下至20節的吩付為依歸：

> 不要醉酒，酒能使人放蕩；乃要被聖靈充滿。當用詩章、頌詞、靈歌彼此對說，口唱心和地讚美主。凡事要奉我們主耶穌基督的名常常感謝父上帝。

自由教會中崇拜的詩歌以旋律優美，字辭簡單，易唱易學，朗朗上口，以受歡迎程度的市場考慮為主要因素，詩歌的曲調及風格主要迎合於流行文化，不太以基督教神學或禮儀為依歸。分開年齡、音樂偏好而分堂聚會的話，則冒了年齡隔離的危險，做成「會眾中有會眾」的危險。

有好些教會開始嘗試將傳統詩歌與流行詩歌互相配合，

產生創新融合的詩歌，使傳統的禮儀和詩歌滲入現代詩歌中，同時也將現代詩歌滲入傳統禮儀中，互相磨合，相互適應。我們希望在將來有更多將傳統的禮儀帶入潮流文化之中的融合音樂，產生新的崇拜音樂和模式，使教會藉音樂與潮流文化的接觸，減少誤會和磨擦。[20]

4. 聖禮

聖禮（sacraments）可解釋為以外在可見的記號，表明內在屬靈的恩典。羅馬天主教有七個聖禮，包括洗禮、堅振禮、聖餐、婚禮、補贖禮、臨終膏油禮及按立禮。新教教會基於聖經明確的吩咐（太二十八 19～20；路二十二 19～20），大多只接納洗禮（太二十八 19；徒三 41 等）及聖餐禮（路二十二 14～20；林前十一 23～29）以合乎這個要求。在宗教改革者之中，特別是加爾文（John Calvin）和慈運理（Ulrich Zwingli）的看法，深深地影響了自由教會的傳統，他們認為聖禮只是宗教儀式，本身並沒有甚麼特異之處，能給予人特殊的力量。反而，個人的信心和敬虔才是最重要的。聖禮是否施恩具，是否上帝特別的恩典渠道均不重要，只要憑著信心，進入聖禮的儀式之中，便能得著上帝的祝福。

不必借助任何禮儀，純憑著信心領受，聖禮的功效便產生了。自由教會的傳統便在信徒信心的孕育下，與大公教會的聖品制度，即必須在聖品的祝聖下，聖禮才能發生效用的制度，愈走愈遠，永無相聚之日。

筆者曾參加過一個教會的聖餐聚會，主持施餐者是一位平信徒，他派發聖餐時，先派杯後派餅，會眾也沒有任何反應和質疑，聖餐照領如儀，而我則仍在餅先杯後（林前十一 23～29）

的次序中迷惘爭扎不已，久久不能釋懷。是否該平信徒緊張，一時忘了次序？又或者該教會的傳統原是如此，讓外人如我迷惘不已？我心裏在想，若將大公教會的原則重溫一下，自由教會將會有秩序得多了，崇拜也許會更美、更感人。

另一個類似的經驗，是在筆者參加另一個聖餐禮時發生的。因教會有特別節目，牧師便將聖餐禮移到講道之前舉行，只是在講台上臨時報告一下，事就辦成了。牧師完全沒有從崇拜的神學角度作出考量，也沒有從禮儀典章的要求作出發點來考量，一切皆以當下的需要為依歸，運用自由來操作，無須考慮大公教會的原則和制度。

這些並非單一的現象，類似的事，時有所聞，結果便如前述唐佑之牧師的概歎：

> 我們又接受自由教會的傳統，不崇尚禮儀，不拘泥形式，結果在自由中沒有重視秩序。我們以為秩序只是節目，其實真正的秩序是屬靈的內涵與深度。[21]

著名講道學教授泰勒（Barbara Brown Taylor）曾以生命中各項事物，而非一定限制於教堂內的事物，來揣摩聖禮的意義，她終於學會了在生命中各樣大大小小的事物中，經歷上帝的奧祕和更新，經歷聖禮的意義在每日生活中與信徒相遇的喜樂。[22] 這種相遇可以是無限的，可以延伸至生活的每一個層面。

洗禮中所預表的新生，不單可活現在個人生命中，體現「舊事已過，一切都變成新的了」的喜樂，也可活現於每天的澆灌花草喜見再生的奧祕。聖餐中經歷與上帝同在，一起分享憂苦喜樂的同在，同時可重現於與友人餐聚時，分享生命悲喜的憂戚與共的共感中。是上帝的同在，吸引她從世界中進入教會，經歷聖禮的意義；同樣地，上帝藉聖禮的奧祕，召喚她從教會中再進入世界，在上帝所造的萬物中，經歷聖禮的意義。

四 結論

崇拜的牧養功效在於信徒對牧養意義的了解與欣賞。在上述的論述中，包括字面及字面背後所引申的意義，處處都在提醒我們，上帝要牧養我們，藉著教會一切可見或不可見的禮儀、象徵、設計、圖片、音樂等，使我們的心靈得安慰，投入信仰羣體服事人羣，也投入社會服事社羣，做一個榮耀上帝、造福社會的信徒和公民。真正的崇拜是：

> 認識誰是創造者
> 認識誰是救贖者
> 信徒合一和契通
> 不是信徒的團契
> 是以上帝為中心，不以人為中心
> 是將榮耀歸給上帝，自己則訝異於上帝的偉大，而有蛻變
> 敬拜者不是觀眾，上帝才是崇拜的觀眾
> 敬拜是尊崇，慶祝，欣喜
> 敬拜是慶祝上帝在過去偉大的行動，但信徒不應沉迷及過度專注過去。敬拜主要是信、望、愛，的行動，其次才是回顧的行動。[23]

崇拜是上帝所用的工具，塑造我們更像耶穌，故此也成就

了更好的我。希望每次藉崇拜中的每一項進程，都能達到湯樸大主教對崇拜的期望：

> 崇拜就是讓全人完全投靠上帝，讓祂的聖潔，甦醒我的良心；用祂的真理養育我的心思；藉祂的純美澄清我的想像；將我的心門打開迎向上帝的慈愛；將我的意志征服，完全以上帝為主宰。將這一切的動作在尊崇之中，融為一體，就是崇拜。[24]

註釋：

1. 湯樸維廉（William Temple）：《讀約翰福音劄記》，張伯懷譯（香港：聖書公會，1952），頁 117。此書已由基督教文藝出版社以《默想基督》再版。筆者仍沿用舊版。湯樸曾是聖公會坎特伯雷第大主教（1942～1944 年），著述良多，鼓吹社會和教會改革，影響深遠。
2. 參 http://en.wikipedia.org/wiki/William_Temple_(archbishop); http://www.giffordlectures.org/Author.asp?AuthorID=165；皆瀏覽於 2010 年 11 月 15 日。湯樸的父親弗雷德理克．湯樸（Frederick Temple，1821～1902 年）也是坎特伯雷大主教。
3. Donald A. Hagner, "Writing a Commentary on Matthew: Self-Conscious Ruminations of an Evangelical," *Semeia*, 72 (1995): 51～57.
4. 自由教會並非指那些在神學或聖經詮釋方面，立場接近自由派或新派的教會。自由教會一般可指在西方從國家教會（state church）分裂出來而形成的教會，分裂主因皆在教義或體制或禮儀等方面，各自堅持不同的解釋而導致分裂，進而教務不受國家教會或外來組織的管轄。自由教會又被稱為不從國教者（noncomformity），包括英國長老會（Presbyterians）、公理會（Congregationalists）、聯合改革宗（United Reformed Church）、循道會（Methodists）、貴格會（Quakers）、浸信會（Baptists）等，近代不少地方教會或獨立教會，多少都有這背景。參 F. L. Cross and E. A. Livingstone, *The Oxford Dictionary of the Christian Church*, 3rd revised edition (Oxford: Oxford University Press, 2005) , 1166。

5. 唐佑之：《心靈與誠實 —— 聖經、神學與歷史》(香港：卓越書樓，1992)，頁 5。
6. Emil Schürer, *A History of the Jewish People in the Time of Jesus Christ (175B. C.-135 A.D.),* rev. and ed. Geza Vermes, Fergus Millar and Matthew Black, 3 vols. (Edinburgh: T&T Clark, 1979), 2: 447 ~ 454.
7. Schürer, *A History of the Jewish People in the Time of Jesus Christ*, 2: 448.
8. Graham N. Stanton, "Matthew's Christology and the Parting of the Ways," in *Jews and Christian: The parting of the ways, A.D. 70 to 135,* ed. James D. G. Dunn (Grand Rapids, MI: Eerdmans Publishing Company, 1999), 99 ~ 116.
9. 湯樸維廉：《讀約翰福音劄記》，頁 117。
10. Ben Witherington III, *We have Seen His Glory: A Vision of Kingdom Worship* (Grand Rapids, MI: Eerdmans Publishing Company, 2010), 8。這也是希伯來書中所表達的神學精粹。
11. Gerard S. Sloyan, "Symbols of God's Presence: Verbal and nonverbal," *Theology Today* 58 (Oct. 2002): 304 ~ 320.
12. J. Stevenson, ed., *A New Eusebius: Documents Illustrative of the History of the Church to A.D. 337* (New York: Macmillan Company, 1959), 300 ~ 301.
13. W. H. C. Frend, "Persecutions: genesis and legacy," in *Origins to Constantine, The Cambridge History of Christianity*, 9 vols., ed. Margaret M. Mitchell and Frances M. Young (Cambridge: Cambridge University Press, 2006), 1.503.
14. Frend, "Persecutions," 1.515.
15. Frend, "Persecutions," 1.518.
16. Oswald Bayer, "Luther as an interpreter of the Holy Scripture," in *The Cambridge Companion to Martin Luther*, ed. Donald K. Mckim (Cambridge: Cambridge University Press, 2003), 73 ~ 75。德國語言研究學界普遍承認路德透過其所譯的聖經、講章、詩歌、小冊子等渠道，影響了整個民族的語言。
17. 唐佑之：《心靈與誠實》，頁 111 ~ 112。
18. 引用於 William H. Willimon, *Conversations with Barth on Preaching* (Nashville, TN: Abingdon Press, 2006), 167。
19. Willimon, *Conversations with Barth on Preaching*, 168.
20. 本書中有其他專文討論音樂的課題，故不在此作深入討論。下面有關聖禮部分中的洗禮和聖餐禮也會有專文討論，故亦不贅述。
21. 唐佑之：《心靈與誠實》，頁 5。
22. Barbara Brown Taylor, "Everyday Sacraments," *Living Pulpit*, 12 no. 3 (Jul-Sep, 2003): 13, 15.

23. Witherington, *We Have Seen His Glory*, 148 ~ 149.
24. 湯樸維廉：《讀約翰福音劄記》，頁 117。

編者跋

趙崇明

這本文集內的文章，是由香港神學院的老師，根據一個有關「崇拜」的課程講稿改寫成的。

毫無疑問，崇拜學在神學教育裏佔有非常重要的角色，甚至是神學生必修的課程。因為敬拜和讚美上帝，可能是惟一一件具有普世性、宇宙性、甚至具有永恆性的事情（參詩一五〇篇；詩一四八篇；啟四 1～2，6～11）。所以，「崇拜」便是教會和每一個信徒一生最重要的職事，也是信徒和教會絕對值得做的事情，因為上帝絕對配受我們的敬拜，事實上，"worship"的古老英文的用法就有"worth-ship"（有價值或值得）的意思。

在香港這個人人忙於工作，甚至忙上癮的社會裏，也許眾人都以工作為重，都認定事業有成是最有價值的人生目標。基督徒卻可曾想過？人生最大的意義其實不在於工作和事業本身，卻在於一生如何經歷上帝的同在，在人生路上如何與上帝同行，在每天的生活和存在裏，時刻享受上帝的同在，不斷感恩、讚美、敬拜和榮耀上帝。事實上，上帝愛我們，以及祂與我們同在，跟我們做了甚麼工作完全無關。耶穌也不是呼召人工作，更不是呼召人看重工作帶來的成就和業績，而是呼召人跟從祂，成為門徒。

門徒不是別的，就是一個願意捨己，將生命的主權交上，專心一意順服主跟隨主的人。正如保羅所說：「所以弟兄們，我以上帝的慈悲勸你們，將身體獻上，當作活祭，是聖潔的，是上帝所喜悅的，你們如此事奉（或譯作崇拜）乃是理所當然的。不要效法這個世界，只要心意更新而變化，叫你們察驗何為上帝的善良、純全、可喜悅的旨意。」（羅十二 1～2）事實上，在希伯來人的宗教傳統中，「事奉上帝」和「敬拜上帝」兩者是不能分割的。因此，在保羅眼中，信徒將自己的生命當作聖潔和上帝所喜悅的活祭呈獻給上帝，就是一種敬拜上帝的方式，猶如舊約時代以色列人將祭牲獻給上帝一樣。

至於甚麼才是聖潔和上帝所喜悅的事奉生命或敬拜的生命呢？消極來說，就是「不要效法這個世界」，不要輕易被世俗同化，言下之意，「事奉」或「敬拜」應該具備一種批判或顛覆世俗文化的能力。積極來說，就是「心意更新而變化」，這是敬拜生活帶來的效果，敬拜塑造著敬拜者的生命，為敬拜者帶來生命的轉化，亦惟有在心思意念、人生觀和世界觀上面有更新和轉化的人，才更能察驗上帝的善良、純全、可喜悅的旨意，更能與上帝同行。

作為神學老師的我們，但願不僅只懂得言教，更能身教。在每天的生活和存在中，不斷學習感恩、讚美、敬拜和榮耀上帝，經歷與上帝同行。

我們更願意以這本文集作為微不足道的祭呈獻給三一上帝，求主悅納。

二〇一一年一月

寫於香港神學院

作者介紹

(按照文章次序排列)

蘇遠泰

香港神學院神學及歷史科專任講師

鄧瑞強

香港神學院神學及歷史科專任講師

趙崇明

香港神學院神學及歷史科專任講師

張慧玲

香港神學院聖經科及實用神學科專任講師

張祥志

香港神學院聖經科專任講師

邵樟平

香港神學院聖經科專任講師

張天和

香港神學院實用神學科專任講師

褚永華

香港神學院院長、香港神學院聖經科專任講師

歡迎報讀香港神學院各類課程

1. 道學碩士課程（Master of Divinity）

全時間三年課程，共修讀110學分。

2. 道學碩士（教牧進修）課程（Master of Divinity（Pastoral Studies））

部分時間課程，最多在七年之內完成，共修讀70學分。

3. 基督教研究碩士課程（Master of Christian Studies）

部分時間課程，修讀時間需要三至七年，共修讀51學分。

4. 神學學士課程（Bachelor of Theology）

全時間四年課程，共修讀139學分。

5. 神學文憑課程（Diploma in Theology）

全時間要修讀一年，部分時間要修讀二至五年，共修讀36學分。

6. 延伸證書課程

不限修讀年期，最少要修讀8科。

歡迎各教會信徒報讀，欲索取詳細資料，請瀏覽本院網頁www.bshk.edu.hk或致電2194 3003聯絡教務處郭小姐查詢。

歡迎報讀「當代教會課題研討」課程

香港神學院一方面秉承著服事教會，為教會培訓信徒的宗旨，同時亦認為神學必須是一門可以回應教會和社會具體處境的學問。於是便從二〇〇四年九月開始，新開設一科名為「當代教會課題研討」的課程，此課程每年九月均會開辦，旨在幫助學員針對時下香港教會或社會所面對的重要議題作神學反省及回應，因此每次所討論的課題都會隨著教會及社會的需要而轉變。二〇〇四年上述課程所探討的課題是「香港的教會與政治」，二〇〇五年的課題是「苦難神學」，二〇〇六年的課題是「安息日神學的現代意義」，二〇〇七年的課題是「無情世界與有情神學」，二〇〇八年的課題是「當信徒遇上瑪門」，二〇〇九年的課題是「當憂慮遇上平安」，二〇一〇年的課題則是「敬拜面面觀」，至於二〇一一年九月將會開辦的課程，會圍繞「人際、教會、社會的衝突」這課題作深入的探討。歡迎各教會信徒報讀，欲索取此課程資料，請瀏覽本院網頁www.bshk.edu.hk或致電2194 3005向延伸部鄒小姐查詢。

讀者意見表

緊扣時代 服事教會

以文字傳揚基督真道

衷心多謝你購買本社書籍。本社一直致力以出版事工服事教會，幫助信徒扎根於神的話語，促進靈命增長。為使我們的出版更能滿足你的需要，請填寫下列各項資料，並寄回或傳真予本社。

所購書籍：________________________

本書最吸引你的地方：
□作者 □適切性 □文筆 □設計 □實用性
□其他：________________________

購買本書地點：
□基道書樓 □基督教書店 □非基督教書店

性別：□男 □女 職業：________________

信仰：□基督徒 □非基督徒

年齡：□ 16 歲或以下 □ 17～25 歲 □ 26～35 歲
□ 36～55 歲 □ 56 歲或以上

學歷：□中三或以下 □中五 □預科
□大學 □研究院

□我欲更多了解基道出版社的事工及考慮支持，請寄給我下列資料：
□機構簡介 □新書資料 □基道會員通訊
□《基道文字事工通訊》

姓名：________________ 電話：________________

地址：________________________________

____

傳真：________________ 電子郵件：________________

其他意見：________________________________

____

多謝賜教！

意見表可以傳真（2687-0281）或直接郵寄以下地址：
香港沙田火炭坳背灣街26號富騰工業中心1011室
基道出版社編輯部收